GAI教育领航者丛书

丛书主编　王晶莹　马玉娟　郑永和

课程增效

⎡生成式人工智能⎤
⎣打造优质课堂⎦

本书主编　王晶莹　张冬梅

电子工业出版社
Publishing House of Electronics Industry
北京·BEIJING

内容简介

本书突破传统的以技术为主的叙事方式，以教育中课程设计环节为逻辑主线，提供了 GAI 赋能课堂创新的 8 大策略、45 个操作案例和 8 个综合案例，这些案例能够直接作为研究项目的申请模板。通过真实教学案例＋分步操作指南，手把手教你用 GAI 生成精准学情画像；设计适配不同认知阶段的学习路径；开发跨学科/项目式主题课程包；实现过程性增值性评价等。本书内含 40 多个提示词模板和主流教育 AI 工具对比表，助你轻松驾驭 AI 教学革命！本书是教育工作者和课程设计师不可错过的智能教学实战手册。

未经许可，不得以任何方式复制或抄袭本书之部分或全部内容。
版权所有，侵权必究。

图书在版编目（CIP）数据

课程增效：生成式人工智能打造优质课堂 / 王晶莹，张冬梅主编. -- 北京：电子工业出版社，2025.8. （GAI 教育领航者丛书）. -- ISBN 978-7-121-51066-3

Ⅰ．G424.21-39

中国国家版本馆 CIP 数据核字第 2025HL8803 号

责任编辑：张慧敏
印　　刷：三河市良远印务有限公司
装　　订：三河市良远印务有限公司
出版发行：电子工业出版社
　　　　　北京市海淀区万寿路 173 信箱　邮编：100036
开　　本：720×1000　1/16　印张：13.75　字数：220 千字
版　　次：2025 年 8 月第 1 版
印　　次：2025 年 8 月第 1 次印刷
定　　价：69.00 元

凡所购买电子工业出版社图书有缺损问题，请向购买书店调换。若书店售缺，请与本社发行部联系，联系及邮购电话：（010）88254888，88258888。
质量投诉请发邮件至 zlts@phei.com.cn，盗版侵权举报请发邮件至 dbqq@phei.com.cn。
本书咨询联系方式：faq@phei.com.cn。

本书编委会

主　　编：王晶莹　张冬梅

副 主 编：杜　蕾　王　震　李思琦

编委会成员：王晨睿　郭乙霄　张羽婷　赵　阳　马郡潞
　　　　　　郭建军　余瑞琪　杨琬祺　简　敏　何　静
　　　　　　贺亚丽　姜春明　张　林　赵　波　尚媛媛

[推荐序]

当今世界正经历百年未有之大变局,数字化转型与人工智能技术的深度融合正在重塑教育的底层逻辑。党的二十大报告明确提出"推进教育数字化,建设全民终身学习的学习型社会、学习型大国",这一战略部署为新时代教育改革指明了方向。生成式人工智能(Generative Artificial Intelligence,GAI)作为数字技术的核心引擎,凭借其强大的内容生成、多模态交互与数据分析能力,为破解传统教育困境、重构课程设计范式提供了全新路径。

《课程增效:生成式人工智能打造优质课堂》立足国家教育数字化战略,以"技术赋能教育、原理驾驭工具"为核心理念,系统构建了 GAI 技术与教育学深度协同的创新框架。本书不仅回应了"如何将 GAI 转化为可操作的课程设计工具"这一实践命题,更从理论层面揭示了人机协同教育的底层逻辑,为教育高质量发展提供了兼具学术性与实践性的解决方案。

传统课程设计长期面临三大核心矛盾:学情分析的模糊性与教学目标的精准性之间的矛盾、教材内容的静态化与学生需求的动态化之间的矛盾、评价反馈的滞后性与教学优化的即时性之间的矛盾。本书以 GAI 为支点,通过 8 大策略,重构"学情分析→模式设计→内容开发→资源适配→评价迭代"的全链条课程设计体系,推动教育从经验驱动向数据驱动的范式跃迁。在学情分析环节,GAI 协助开展多模态数据构建动态学习者画像,精准识别学生的认知风格与知识盲区,突破传统学情诊断的主观性局限,更将社会建构主义的互动理念转化为可操作的技术路径。在模式设计层面,借助 GAI 融合布鲁姆目标分类法与马扎诺认知系统模型，使 GAI 能够依据教学目标自动生成高阶问题链。此类设计将抽象素养目标转化为可观测的学习行为，彰显"教—学—评"一致性的课程理念。课程内容的动态拓展是教育创新的关键突破点。本书通过 GAI 突破教材边界，构建"知识锚点—生活链接—实践迁移"的三维内容体系。资源适配的精准性是实现教育公平的重要保障。基于加德纳多元智能理论，GAI 能够为不同学习者定制分层资源，这种"千人千面"的资源供给模式，不仅破解了传统教学"一刀切"的困境，更凸显了"以学习者为中心"的教育本质。教学评价的闭环优化是课程设计的终极目标。GAI 通过教师采集课堂问答、项目报告等过程性数据，生成个性化诊断报告，呼应掌握学习理论的核心理念，更将传统教学中滞后的经验判断升维为实时证据决策，为教师提供精准的教学改进依据。

需要特别指出的是，本书始终强调"以人为本"的核心立场。GAI 绝非替代教师的工具，而是放大教育智慧、释放创新潜能的"协同者"。教师作为教育活动的设计者与引领者，需在技术应用中坚守育人初心，通过提升数字素养、优化教学策略，将 GAI 的算力转化为学生的认知力、创造力与终身学习力。当前，全球教育竞争已进入"智能升级"新赛道。探索 GAI 赋能课堂，既是对教育技术前沿的回应，也是践行"科技教育人才一体化"战略的积极尝试。期待广大教育工作者主动拥抱技术变革，在守正创新中构建具有中国特色的智能教育体系，为培养智能时代的新质人才贡献智慧与力量。

安桂清
华东师范大学课程与教学研究所教授

前言

《课程增效：生成式人工智能打造优质课堂》的诞生，源于对教育数字化转型的思考与实践探索。教师是教育的核心，课堂是知识传递的主阵地，课程是教育目标落地的核心载体。优质的课程，不仅需要清晰的知识脉络，更需要激发学生主动思考与真实参与；高效的课堂，不仅是教师单方面的讲授，更是师生互动、思维碰撞的生态场域。生成式人工智能的崛起，为打造优质高效课堂提供了新的解决方案。通过智能化的内容生成、个性化的学习支持、多模态的数据分析，GAI 成为教师设计课程、优化课堂的"超级助手"，让课堂从"单向传授"走向"双向共创"，让课程从"静态预设"升级为"动态生成"，助力教育回归"以人为本"的本质。

全书逻辑框架：从设计到闭环的智能教育链

本书以"课程增效"为主线，依托"泰勒课程开发理论"，构建"学情分析→模式设计→内容开发→资源适配→评价迭代"的全链条课程设计体系，体现"以终为始"的课程设计思想，本书的章节逻辑如表 1 所示。

表 1　本书的章节逻辑

章节	核心问题	逻辑关系	GAI 增效
第一章：定位	GAI 如何辅助教师做课程设计	奠定技术认知基础	破除"技术恐惧"，明确 GAI 的"助手"定位

续表

章节	核心问题	逻辑关系	GAI 增效
第二章：学习者分析	GAI 如何辅助教师分析真实学情	设计起点：从经验判断到数据驱动	GAI 构建学习者画像，解决"教谁"的问题
第三章：教学模式选择	GAI 如何辅助教师实践前沿教学理论	设计核心：匹配目标与场景	GAI 推荐前沿教学模式，解决"怎么教"的问题
第四章：教学内容组织	GAI 如何辅助教师拓展教材边界	设计载体：资源动态生成	GAI 补充跨学科案例，解决"教什么"的问题
第五章：学习资源开发	GAI 如何辅助教师适配个性需求	设计工具：资源千人千面	GAI 生成分层材料，解决"差异化供给"的问题
第六章：评价与改进	GAI 如何帮助教育工作者实现教学闭环	设计终点：从结果到迭代	GAI 提供实时反馈，解决"教得如何"的问题

8 大策略：破解教学痛点的智能钥匙

针对当前各种"技术攻略"中碎片化、技术倾向化的问题，本书结合教育学原理，梳理 8 大策略（如表 2 所示），破解教师日常教学的典型困境，将 GAI 转化为可操作的解决方案。

表 2　GAI 赋能课程设计的 8 大策略

策略	针对痛点	教师获益	典型案例
1. 角色扮演策略	学情分析主观化	模拟学生认知冲突，预判学习难点	"物质状态变化"中 GAI 扮演数据分析师、学生模拟器和学习规划师
2. 跨学科整合策略	学科知识碎片化	一键生成主题，降低设计门槛	"第一次工业革命"的物理与历史开学课学习
3. 高阶思维任务策略	问题设计浅层化	自动生成布鲁姆高阶问题链	"科学战疫"项目式学习
4. 先行组织者策略	知识建构无序化	动态生成认知锚点	高中"数列"的课标分析

课程增效：生成式人工智能打造优质课堂

续表

策略	针对痛点	教师获益	典型案例
5. 协同开发策略	资源开发孤立化	多 GAI 工具联动	高中地理"服务业区位因素及其变化"智能体搭建
6. 数据驱动评价策略	反馈延迟模糊化	实时诊断并推送补救资源	物理"电磁感应"单元个性化错题报告
7. 多媒体整合策略	学习体验单一化	一键生成图文/视频/交互素材	语文《春江花月夜》AI 配乐朗诵
8. 元认知激活策略	学习反思表面化	引导学生自我追问	数学解题中的 GAI 反思提示词

从理论到实践：45 个操作案例 +8 个综合案例的赋能地图

为帮助教师跨越"知"与"行"的鸿沟，本书精心设计 45 个操作案例与 8 个综合案例，覆盖备课、授课、评价全场景。其中，操作案例提供"步骤式指南"，包含提示词设计、数据输入格式等细节，降低技术门槛。综合案例基于真实课堂需求，呈现 GAI 在不同备课场景中的应用方式与实践价值。

本书既是 GAI 教育的"工具手册"，也是教学改革的"思维地图"。GAI 不是取代教师的"万能答案"，而是放大教育者专业能力的"超级助手"。它让我们重新审视教育的本质，教育不是知识的单向传递，而是思维的唤醒、能力的锻造与价值的引领。教师不仅能掌握技术操作，更能重新定义自身角色，从知识的传递者进阶为学习生态的设计师。在人与机器的协同中，我们期待看见更多课堂迸发创造力，更多学生找到属于自己的成长路径。

技术的温度源于人的智慧。让我们以 GAI 为笔，共同绘制优质课堂的新图景。

本书编委会
2025 年 3 月

目录

第一章
定位：GAI 如何辅助教师做课程设计 / 01

第一节　GAI 何以革新课程设计 / 01
一、GAI 革新课程设计的技术前景 / 02
二、GAI 革新课程设计的技术基础 / 03

第二节　GAI 赋能课程开发的基本模型 / 05
一、GAI 支持的敏捷课程开发模型 / 05
二、GAI 支持的泰勒课程开发模型 / 08

第三节　GAI 革新课程设计的核心原则与教师认知 / 12
一、GAI 革新课程设计的核心原则 / 12
二、GAI 革新课程设计的教师认知 / 14

第二章
学习者分析：GAI 如何辅助教师分析真实学情 / 16

第一节　角色扮演策略：以学习者为中心 / 16
一、GAI 革新学习者分析与目标规划的理论基础 / 16
二、角色扮演策略说明 / 18
三、关键技术说明 / 20
四、使用"角色扮演策略"的注意事项 / 22

第二节 分析学生现状：实现多维度学习者分析 / 23

一、多维度学习者分析框架 / 24

二、面向全体学生的"数据分析师" / 25

【操作案例 2-1】GAI 赋能基础知识的数据分析 / 25

【操作案例 2-2】GAI 赋能先验知识的数据分析 / 27

【操作案例 2-3】GAI 赋能技能与方法的数据分析 / 28

【操作案例 2-4】GAI 赋能学生数据分析的结果优化 / 29

第三节 制定个性化学习路径：依据目标与需求规划 / 31

一、GAI 辅助的需求分析——个性化学习的"数据分析师" / 31

【操作案例 2-5】GAI 辅助分析认知特点 / 32

【操作案例 2-6】GAI 辅助分析学习风格 / 33

【操作案例 2-7】GAI 辅助分析学习动机 / 35

【操作案例 2-8】GAI 辅助分析基础知识水平 / 37

二、GAI 辅助的需求验证——"学生模拟器" / 38

【操作案例 2-9】综合学生需求分析内容 / 39

【操作案例 2-10】GAI 扮演学生验证需求 / 40

【操作案例 2-11】GAI 扮演学生补充需求 / 41

三、GAI 辅助的路径规划——"学习规划师" / 42

【操作案例 2-12】GAI 扮演学习规划师 / 44

综合案例一——小学科学："物质的状态变化"路径规划 / 46

第三章
教学模式选择：GAI 如何辅助教师实践前沿教学理论 / 50

第一节 认知发展策略与心智模型策略：构建素养发展型课程 / 50

一、GAI 赋能教学模式的原则 / 51

二、认知发展策略说明 / 53

三、心智模型策略说明 / 56

四、使用 GAI 辅助的教学提醒 / 58

第二节 整合跨学科主题：整合多学科知识能力，培养综合能力 / 60

一、设计跨学科主题学习时面临的困难 / 61

二、GAI 辅助的跨学科主题教学设计 / 62

【操作案例 3-1】跨学科主题教学的选题 / 63

【操作案例 3-2】教学过程设计 / 66

【操作案例 3-3】整合性理解活动设计 / 69

综合案例二——文理交融理解"第一次工业革命" / 72

第三节 助推高阶思维：设计复杂任务，提升学生高阶思维能力 / 74

一、简单实用的布鲁姆分类法 / 74

【操作案例 3-4】GAI 辅助设计六层次问题步骤 / 78

二、马扎诺教育目标新分类学指导复杂任务设计 / 79

【操作案例 3-5】GAI 辅助设计高阶任务 / 82

三、提问序列促进学生深度思考 / 83

【操作案例 3-6】GAI 辅助设计提问序列 / 85

第四节 开展项目式学习：创设项目情境，构建学生知识能力体系 / 87

GAI 如何支持项目式学习 / 87

【操作案例 3-7】GAI 在项目选题中的应用 / 88

【操作案例 3-8】GAI 在项目规划中的应用 / 90

【操作案例 3-9】GAI 在项目实施中的应用 / 92

【操作案例 3-10】GAI 在项目评价中的应用 / 93

综合案例三——GAI 赋能"保护生态"项目式学习 / 94

第四章
教学内容组织：GAI 如何辅助教师拓展教材边界 / 110

第一节 先行组织者策略：实现有意义学习 / 111

一、先行组织者策略说明 / 111

二、关键技术说明：GAI 平台赋能教学实践 / 113

【操作案例 4-1】典型应用场景与提示词设计 / 114

第二节　解读教材课标：理解教材课标，明确教学目标 / 115

一、课标四维解析：从"模糊要求"到"清晰路径" / 115

【操作案例 4-2】知识维度：抓取核心概念 / 116

【操作案例 4-3】能力维度：拆解学科能力为具体动作 / 116

【操作案例 4-4】素养维度：将核心素养转化为学生能理解的语言 / 118

【操作案例 4-5】价值观维度：挖掘学科背后的文化价值 / 119

【操作案例 4-6】高中数学"数列"课标解析 / 120

二、螺旋式结构：让知识"滚雪球" / 121

【操作案例 4-7】标注知识点在不同年级的分布情况 / 121

【操作案例 4-8】生成知识进阶路径图 / 124

【操作案例 4-9】提示教学衔接点 / 126

【操作案例 4-10】目标矩阵，让教学目标"看得见，摸得着" / 127

第三节　拓展内容边界：获取多样内容，补充传统教材 / 128

一、内容拓展：通过文字与故事扩展 / 128

【操作案例 4-11】融入背景资料，丰富学习维度 / 129

【操作案例 4-12】讲述相关故事，使抽象概念生动化 / 130

【操作案例 4-13】分析应用，理论结合实际 / 131

二、视觉赋能：利用图片和视频辅助教学 / 133

综合案例四——应用 GAI 对高中数学"数列"进行课标解析和教材解读 / 134

第五章

学习资源开发：GAI 如何辅助教师适配个性需求 / 138

第一节　协同开发策略与多媒体整合策略：实现直观教学 / 138

一、学习资料革新：助力直观教学 / 139

二、协同开发策略说明 / 141

三、多媒体整合策略说明 / 143

第二节 定制个性化材料：依学生差异定制适配的学习资料 / 144

一、GAI 核心优势分析 / 144

二、学习进度分类 / 147

【操作案例 5-1】新手阶段——知识脚手架搭建 / 147

【操作案例 5-2】进阶阶段——认知冲突设计 / 150

三、学习者类型分析 / 152

【操作案例 5-3】分析型学习者 / 152

【操作案例 5-4】实践型学习者 / 155

综合案例五——高中地理"服务业区位因素及其变化"智能体搭建 / 156

第三节 打造多媒体资源：整合图像、音视频，开发多元学习资源 / 159

一、不同 GAI 在制作多媒体上的特点和功能 / 160

二、利用 GAI 创作多媒体资源的操作说明 / 165

【操作案例 5-5】提示词设计通用原则 / 165

【操作案例 5-6】提示词设计的分领域技巧 / 166

综合案例六——GAI 帮助语文《春江花月夜》匹配教学资源 / 167

第六章
评价与改进：GAI 如何帮助教育工作者实现教学闭环 / 173

第一节 数据驱动策略与自我管理策略：激活元认知 / 173

一、学生学习评价与改进：聚焦元认知 / 174

二、数据驱动策略说明 / 176

三、自我管理策略说明 / 178

第二节 过程性评估：即时反馈指导学习进程 / 180

GAI 问答功能实践——阶段性学习反馈指导 / 180

综合案例七——基于物理答疑反思智能体的过程性评估实践 / 181

第三节 终结性评价：总结学习效果并给予建设性意见 / 192

一、GAI 赋能终结性评价维度策略　/ 194

【操作案例 6-1】GAI 评价维度分析　/ 194

【操作案例 6-2】GAI 融合多元要素，打造评价维度新模式　/ 196

二、学生终结性评价报告　/ 197

【操作案例 6-3】单个同学成绩分析　/ 197

【操作案例 6-4】班级成绩分析　/ 199

综合案例八——终结性评价试题生成　/ 201

第一章 定位：GAI 如何辅助教师做课程设计

随着具备启发性内容生成、对话情境理解、序列任务执行及程序语言解析四项核心能力的生成式人工智能（简称 GAI）不断发展，其在教育领域的应用日益受到重视。2023 年 8 月，中华人民共和国国家互联网信息办公室、国家发展和改革委员会、教育部等七部门联合发布《生成式人工智能服务管理暂行办法》，鼓励 GAI 技术在各行业的创新应用，并推动相关应用生态体系的构建。在课程教学领域，GAI 的应用生态体系已成为一个重要的探索方向。值得注意的是，GAI 在知识生产方面无法完全替代人类的原创性工作，但它能够支持使用者的创新过程，特别是在辅助解决复杂问题和促进高阶思维能力的发展上具有显著优势。因此，GAI 在帮助教师革新课程设计上具有极大的潜力。

本章将从 GAI 在革新课程设计的技术基础、基本模型和教师认知三个方面回答"GAI 何以革新课程设计""GAI 赋能课程开发的基本模型""GAI 革新课程设计的核心原则与教师认知"三个重要问题。

第一节 GAI 何以革新课程设计

在探讨 GAI 何以革新课程设计时，首先需要理解其技术前景和技术基础。

GAI 正在引发的教育场景变革并非简单叠加技术工具，而是通过重构"学习者分析和目标规划—教学模式选择—教学内容组织—学习资源开发—评价与改进"的课程过程，实现从"教师经验主导"向"人机智能协同"的范式迁移。

一、GAI 革新课程设计的技术前景

GAI 革新课程设计的技术前景可以概括为智能化的学习内容生成、人机协同的个性化学习支持、立体化的评价反馈体系构建三个主要领域，并在其中分别充当"经验型教学设计助手""智慧学习伙伴""智能评价专家"三种重要角色。

（一）智能化的学习内容生成——"经验型教学设计助手"

GAI 的内容生成能力日益增强，教师可以在其辅助下实现课程内容的智能迭代，GAI 借此在教学设计方面成为教师的得力助手，从而满足不同阶段学生的个性化学习需求。GAI 能够根据学生的学习特征、认知水平和兴趣偏好，智能化地生成个性化的学习内容。例如，GAI 可以根据教师的提示词生成符合学生阅读水平的文本材料、设计梯度化的数学问题，或者定制适合不同学习阶段的科学探究任务。精准的内容供给不仅有利于提升学生的学习兴趣，更能培养学生的创新思维和问题解决能力。对于教学经验尚浅的新手教师而言，在开展学习设计时，对学习设计的流程、要素及设计细节把握不到位，GAI 能够提供全方位的教学设计支持。以 ChatGPT、文心一言、DeepSeek 等大语言模型为例，它们能够协助教师完成教学方案的初步设计、提供多样化的教学资源建议，并支持教学方案的持续优化。同时，经过教育领域专业训练的大模型还可以支持作业设计与批改，显著提升教学效率。

（二）人机协同的个性化学习支持——"智慧学习伙伴"

随着 GAI 的对话交互功能愈加智能化，教师可以设计更多的学生与 GAI 互动的课程任务。互动不仅能够帮助学生获得个性化的知识建构支持，还能提升学生的人机协同能力和认知水平。未来，GAI 有望扮演"智能学伴"或"虚拟教师"的角色，推动课堂教学模式从传统的"教师主导—学生响应"向"学

生主动—智能支持"的探究式学习转变。在新的范式中，GAI 辅助教师通过解决认知冲突、提供即时反馈等方式，帮助学生从表层认知跃迁到深层理解。在传统学习中，受制于知识储备与思维发展同质化，以及教师发散性指导力不足等问题，师生互动和生生互动很难达到预期效果。GAI 作为智慧学伴，能够有效弥补传统课堂中师生互动的不足，实现"有问必答、有求必应"的个性化支持。此外，GAI 还能支持"机—生""生—机—生"等多种协作模式，促进学生批判性思维等高阶思维能力的发展。

（三）立体化的评价反馈体系构建——"智能评价专家"

基于证据启发的教与学反思是促进学习进阶的重要学习要素。GAI 的一大技术优势是能够快速理解多模态数据，并对其进行分析、总结、点评、提建议、批改、反馈等操作。GAI 具有强大的多模态数据处理能力，能够对学习过程数据进行智能分析，具有协助构建多模态、立体化的学习评价体系的潜力。例如，将学生作品与评价标准发送给 GAI，GAI 可以模拟专家教师的口吻帮助提出针对性的建议，迭代优化学生作品；也可以对学习成果进行智能诊断，并使用深入浅出的语言，帮助学生以更积极的态度面对学习中的错误，借助有效试错完成认知深化。教师则可以通过 GAI 提供的数据分析，构建包含智能初评、同伴互评和教师终评的多层次评价体系，整个评价体系能够通过文本、图像、音频、视频等多种形式，为学生提供及时、全面的反馈，并提供针对性的改进建议。

二、GAI 革新课程设计的技术基础

上一节探讨了 GAI 如何革新课程设计的应用场景，那么这些教育变革背后究竟依托哪些核心技术？本节将化繁为简，用教师熟悉的场景解读四大关键技术如何支撑智能化教学。

（一）数据驱动的学习分析——教育行为的"显微镜"

GAI 赋能学习分析体现为它能帮助利益相关者优化学习分析思路、辅助学

`课程增效：生成式人工智能打造优质课堂`

习分析过程、提升学习分析素养。GAI 拥有较强的语言理解和生成能力，就像显微镜，精准地识别利益相关者的需求和意图，根据利益相关者的诉求生成或优化分析指标、思路、步骤及方案，并以易于理解的方式呈现给利益相关者，这使学习分析变得更加清晰、高效，不再受限于利益相关者的素养水平。此外，在学习分析过程中，教师可以随时随地与 GAI 进行多元交互、有机协同，利用它们解答学习分析过程中的难题，养成智能时代的学习分析习惯和思维模式。更为重要的是，教师可以通过 GAI 进行持续学习，以促进学习分析技能和复杂问题解决能力的增长，并提升智能时代的学习分析素养。

（二）自然语言处理——课堂对话的"智能翻译官"

自然语言处理（NLP）技术的快速发展，使 GAI 具备像人一样理解和生成人类语言的能力，为教育领域带来革命性的变化。自然语言处理技术使 GAI 能轻松驱动自动化分析任务，并通过人类反馈强化学习机制不断优化分析结果，借此在教育场景中打造出一系列互动性强、个性化的学习材料，让学习过程变得更加生动有趣。想象一下，一个智能辅导系统能够依据学生的课堂回答调整问题难度，或者根据学生的兴趣偏好自动生成故事、练习题等学习资源，这无疑会极大地增强学习的趣味性和吸引力。这种对语言的处理能力帮助教师理解课堂中学生对话的深层意义和价值，有望更多地挖掘课堂活动中的学习信息，破除高阶思维能力评价的难点。

（三）深度学习算法——个性化教学的"神经中枢"

深度学习是一种模仿人脑工作方式的机器学习方法。在课程设计领域，深度学习算法的应用意味着 AI 可以根据不同学生的个性化需求调整课程内容，为每位学生量身定制一条独特的学习路径。基于超大规模训练数据与 Transformer 架构，人工智能教育大模型展现出卓越的理解能力，能充分理解与综合素质相关的数据。首先，在多模态数据处理上，模型将图片、视频、音频等数据形式转化为文本信息，解决多源异构数据的处理难题。其次，在不平衡数据分析中，人工智能教育大模型利用自注意力机制与位置编码，捕捉上下文序列关系，准确把握语境与意义，为实现"因材施教"的教育理念带来可能性。例如，对于擅长视觉学习的学生，系统可以提供更多图表和视频资源，帮助他们通过直观的视觉信息来理解知识；而对于偏好听觉学习的学生，系统则可以提供更多音频材料，让他们在聆听中感受知识的魅力。这种个性化的学习路径，不仅极大地提高了学生的学习兴趣和积极性，还让每位学生都能在适合自己的方式下茁壮成长。

教师将自己的教学智慧与智能技术相融合为教育带来了无限的可能。就像PPT并没有取代传统的板书，而是成为一种丰富教学手段的新型教学表现形式，GAI 的核心目的并不是取代教师，而是要帮助教师更加从容地运用智能教育工具，让教学变得更加高效、高质。

第二节
GAI 赋能课程开发的基本模型

敏捷课程开发模型和泰勒课程开发模型是两种重要的课程设计框架。敏捷课程开发模型通过频繁的小规模交付与持续反馈，不断改进课程质量，强调快速响应和灵活调整；而泰勒课程开发模型则强调系统性和逻辑性，确保课程设计的每一个环节都能紧密围绕教育目标展开。接下来，我们将详细介绍这两种模型，并展示 GAI 如何在这些框架中发挥作用。

一、GAI 支持的敏捷课程开发模型

敏捷课程开发模型基于迈克尔·艾伦提出的逐步逼近模型（Successive Approximation Model，SAM）发展而来。它的核心思想在于追求课程交付速度与质量的最优化，通过一次次小规模、高频次的交付与反馈循环，不断提升课程品质。敏捷课程开发模型通常包括三个阶段：调研分析阶段、迭代设计阶

段与迭代开发阶段。

现有与敏捷课程相关的研究主要集中在理论构建和教师培训领域。在理论构建方面，基于敏捷教学设计理论，已有研究提出快速交付、迭代开发、多方参与、自主管理、协作沟通、工具支持、任务反馈和技术环境等核心原则。同时，提出学习者本位、动态化管理、过程性交付和群智化共创等实践建议。而在教师培训方面，则强调以关键任务为线索，强化技术培训，以期优化敏捷课程内容。

（一）模型说明

有研究团队基于敏捷课程开发理念，构建包括调研分析阶段、调试设计阶段和迭代开发阶段的 GAI 支持的敏捷课程开发模型[①]，具体如图 1-1 所示。

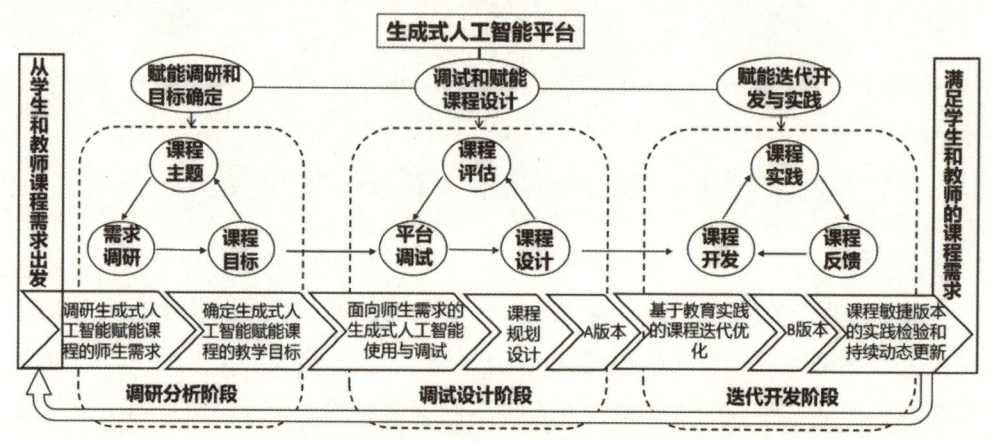

图 1-1　GAI 支持的敏捷课程开发模型

1. 调研分析阶段

在课程的调研分析阶段，GAI 主要用来深入挖掘师生的需求，以实现课程开发的目标。GAI 能够结合纸质问卷或面对面访谈，快速分类和归纳海量学生数据，在提升工作效率的同时，揭示学生的潜在学习趋势，明确学生的实际

---

① 徐慧芬，庞畅，郑如歆，等. GAI 赋能敏捷课程开发与实践研究[J]. 远程教育杂志，2024,42(05):95–101.

学习需求。接下来，需根据学生的学习需求进一步借助 GAI 细化课程的具体目标。教师可以将学生的兴趣和个性特点等数据输入 GAI 的对话界面，以此定制具有科学性、针对性、可行性和创新性的教学目标。在课程内容的选配阶段，学情分析同样起到至关重要的作用。教师需要借助 GAI 综合了解学生的知识水平、学习能力和兴趣爱好，从而准确把握学习起点和潜在难点，选取既涵盖学科知识，又注重创新思维等综合素质培养的课程内容。

2. 调试设计阶段

在课程的调试设计阶段，重点是针对师生的需求对 GAI 的使用进行调试，并据此进行课程的整体规划与开发。鉴于 GAI 技术的快速发展，不同平台和技术版本在使用效果上可能存在差异，每位使用者也有自己更为熟悉适应的平台，因此，教师在前期使用和调试时需要进行多次尝试，并对平台做出择优推荐，同时对使用效果进行细致的反馈。

为了确保 GAI 在实际教学中发挥最大效用，课程开发者需要结合课程主题与内容，基于前期的调研分析结果，考虑教师的教学需求和学生的学习需求，设计出既符合教育教学规律，又能体现技术前沿性的课程。在这一过程中，GAI 能够起到丰富教学内容的作用。比如，利用自然语言处理技术创作出引人入胜且贴近实际的案例与故事，将抽象的知识具体化、生动化。同时，借助图像识别和生成技术，为教学内容提供丰富多样、直观易懂的视觉素材，如动画、图表等，以激发学生的学习兴趣，提升他们的理解能力。

3. 迭代开发阶段

迭代开发阶段的主要任务是基于教育实践对课程进行优化，并通过敏捷版本的实践对课程内容进行持续改进。环境的变化是推动创新的动力，敏捷课程能够快速响应教育政策的调整、社会热点及学生的即时反馈，优化课程目标、内容、教学方法和评价体系，确保课程始终与实际需求保持同步。因此，迭代开发阶段是整个开发模型中最为关键的环节。

值得注意的是，持续改进应以学生在课程实施过程中的疑问、学习成果与期望为依据，尤其要关注学生使用 GAI 进行学习探索时的实际反馈。此外，课程开发者可以引导学生利用 GAI 平台进行自评与互评，一方面为课程迭代提供更多维度的证据支持，另一方面为学习效果的提升带来实质性收益。在自评环节，GAI 可提供个性化的即时反馈，帮助学生进行自我反思；在互评环节，多元视角的加入能够帮助学生发展批判性思维。自评能够深入反映学生的个人学习情况，互评则通过外部意见提供多维度的反馈，二者结合使评价更加全面、客观。

（二）模型小结

GAI 赋能的敏捷课程开发模式在加快课程开发速度的同时，增强课程内容的个性化和互动性。对于一线中小学教师而言，这种模式不仅降低了课程设计的工作负担，还有助于他们更好地实现因材施教的目标。然而，敏捷开发模型的逐步迭代性也可能带来一些潜在的风险，特别是在初级阶段试用课程的学生可能会受到影响，因此，在使用这一模式时需要保持谨慎的态度。

二、GAI 支持的泰勒课程开发模型

泰勒课程开发模型（Tyler's Curriculum Design Model）由美国教育学家拉尔夫·泰勒（Ralph Tyler）在其 1949 年出版的《课程与教学的基本原理》(*Basic Principles of Curriculum and Instruction*) 一书中首次提出[①]。它系统性地通过四个关键问题引导我们构建有效的课程：学校应追求哪些教育目标？为实现这些目标，应提供哪些教育经验？如何有效地组织这些经验？又如何确保这些目标正在被实现？简而言之，即确定目标、选择内容、组织经验、评价结果。

（一）模型说明

GAI 赋能的泰勒课程设计模型在经典泰勒原理"目标—内容—方法—评价"四个要素的基础上，融合 GAI 技术，进一步拓展为学习者分析和目标规划、教学模式选择、教学内容组织、学习资源开发、评价与改进五个要素（如图 1-2）。

---

① 汪霞. 课程开发的目标模式及其特点 [J]. 外国教育研究, 2002,(06):9-13.

其核心特征体现为三个维度的升级：从静态预设转向动态生成，课程要素可基于实时学情数据自动调适；从经验判断转向证据决策，每个设计环节均有人工智能提供的量化分析支持；从统一供给转向分层适配，支持班级、小组、个人等多层级个性化方案生成。

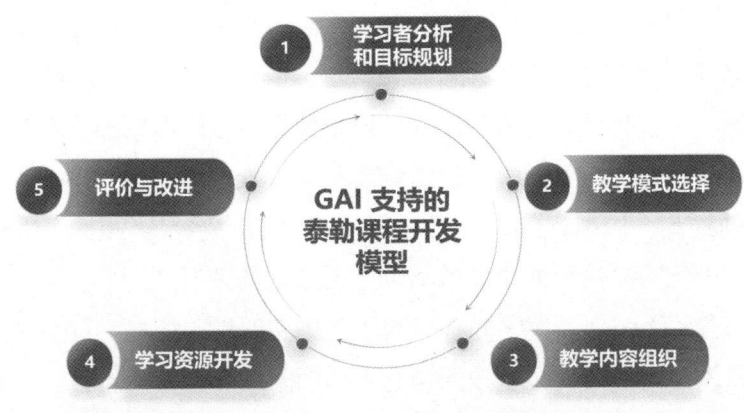

图1-2　GAI支持的泰勒课程开发模型

1. 学习者分析和目标规划

在学习者分析和目标规划阶段，教师可以利用GAI技术，通过广泛收集并分析多源静态数据，综合考量学生的认知层次、学习偏好、兴趣所在等多个维度，为每位学生构建详尽的学习者画像，辅助教师制定更加贴合实际的教学目标。此外，在确保教学目标与课程标准保持一致的同时，该技术还能依据班级整体及个体学生的具体需求，智能提出目标调整策略，帮助教学目标既遵循总体教学进度，又兼顾学生的个性化学习需求。

在动态数据方面，借助多源数据融合与智能诊断技术，可以构建一个全面的学情认知体系。GAI系统能够捕捉并分析学生的课堂互动、作业完成情况、在线学习记录等多模态信息，运用知识图谱技术建立个体认知档案。系统不仅能识别出学生群体的知识短板，还能通过自然语言处理技术解析学生讨论内容，洞察潜在的情感态度变化。在目标设定环节，教师只需输入课程标准的关键信息，系统便能依据教师提示，生成涵盖学科核心素养、认知层次、情感价值的三维目标框架，并基于学情诊断结果调整目标难度，如检测到班级基础概念掌握不牢时，系统会建议将"探究电磁感应原理"调整为循序渐进的"观察生活电磁现象"目标序列。

2. 教学模式选择

在 GAI 辅助的课程开发中，不同的教学模式适用于不同的教学场景，选择恰当的教学模式至关重要。作为课程设计与教学实施之间的桥梁，GAI 基于教学目标、内容特性、学情特征、环境条件等多维度数据的综合分析，通过其决策支持功能，运用机器学习算法构建教学模式匹配模型，为教师提供最优教学模式的推荐。同时，GAI 通过提供量身定制的学习资源、个性化的学习路径以及智能化的评估反馈，有效增强学习模式的效果。

例如，当系统识别到教学内容具有较强的实践性（如科学探究），学生具备一定的自主学习能力，且学校配备有实验器材时，会自动推荐"项目式学习（PBL）"模式，并提供包含驱动问题、任务分解、评价量表的完整实施方案。在模式适配过程中，需特别关注知识建构的深度、学生参与的广度及实施的可行性。对于以核心概念为引领的单元教学，系统可能建议采用"大单元教学模式"，将零散知识点整合为主题任务群，并设计贯穿整个单元的表现性评价任务。而对于需要快速掌握基础技能的课程（如数学运算），系统则会推荐"精准分层教学"模式，提供包括诊断性测试、分层练习、自适应反馈在内的实施方案。此外，GAI 还具备模式创新组合的潜力，如在语文阅读教学中，可能建议结合"群文阅读"与"跨媒介表达"，既保留深度思维训练，又融入数字化创作的新形式。通过提示词的引导，每种推荐模式都附有详细的实施指南、常见问题解决方案及成功案例，以降低教师实践转型的难度。

3. 教学内容组织

传统学习方式遵循着"行为—认知主义"的学习理念，学习内容、学习步骤等都来自教师的选择与安排。预设式的学习方式忽视了学习者个体差异，压抑了其学习动机和思维参与，偏离育人为本的理念。在教学内容编排方面，人工智能可以承担知识结构化与认知路径优化的任务。GAI 展现出卓越的知识处理能力，能够迅速梳理学科知识体系，自动生成概念网络图，帮助教师清晰把握知识间的内在联系。同时，人工智能系统还能根据学生的认知特点和已有知识，智能推荐重点难点的分布方案，优化知识呈现的逻辑顺序，并根据实时学情动态调整教学内容的深浅，确保教学内容始终与学生的认知发展水平相匹配。

此外，GAI 还能辅助教师分析学科本体知识库与历史教学案例库，生成包含核心概念、次级概念、事实案例的三层知识网络。在确定教学重难点时，GAI 会综合比对课程标准要求、学生前测数据、区域教研热点等信息，运用决策树算法推荐最优的教学内容组合方案。

4. 学习资源开发

在资源生成中，GAI 基于高级语义理解能力以"人机共创"的形式实现教育资源的动态生成与适应性重构，以优于人类的信息生成能力和知识水平突破资源生成类型与效率限制，以低边际成本使得资源开发走向自动化和智能化。以音乐教育为例，GAI 将数字艺术、音乐、影像等多种媒体元素有机结合，打破传统媒体之间的壁垒限制，为学生提供了开放独特的创作灵感及快速实验迭代的机会。具有生成性、自适应性、可进化性与开发性的资源才能更好地满足学习者的资源选择需求，因此，GAI 能够帮助教师根据教学目标生成分层次、多样化的教学资源。对于基础水平的学生，系统会提供融入生活化情境的图文导学案；对于进阶学生，则开发交互式虚拟实验工具以增强实践操作能力；而对于拓展层学生，系统会提供开放性研究项目模板，鼓励他们进行深度探索和创新。

5. 评价与改进

GAI 强大的内容整合与生成能力加速了知识的获取和传授，提高了内容加工的自动化程度和防伪难度，降低了低阶内容作为核心学习结果的必要价值。核心素养的评价理念指向培养和创造更多样的思维，以适应终身学习型社会发展需要。GAI 构建了一个全面且持续的评估体系，通过多模态数据采集技术，对学习过程进行全面跟踪，并生成涵盖知识掌握程度、能力发展水平和学习行为特征的多维度评价报告。基于这些评估结果，GAI 能够协助教师智能诊断教学效果，并提供具体的改进建议。这种智能化的评估与改进机制，不仅实现了对教学效果的精准评估，还支持了课程的持续优化，形成了一个完整的教学改进循环。

（二）模型小结

GAI 在课程设计领域的应用，标志着课程设计从"人工迭代"向"智能进化"的范式转变。该模型在保留泰勒原理系统性的基础上，通过人工智能技术突破了传统课程设计的三大局限：经验主义带来的主观性偏差、差异化教学实施的可行性难题，以及教学反馈的滞后性问题。这为数字化转型时代的课程建设提供了切实可行的技术方案。本书将基于这一模型，深入展示如何利用 GAI 高效、高质量地进行课程设计。

第三节
GAI 革新课程设计的核心原则与教师认知

在深入探讨 GAI 的技术基础及其在课程设计中的广泛应用后，我们不得不进一步思考：如何在教育实践中科学且规范地运用这项技术？这不仅关乎技术的实际应用效果，更触及教育的长远发展。本节将从核心原则与教师认知两大层面，分析 GAI 在课程设计中的关键议题，为一线教育工作者提供具体可行的指导。

一、GAI 革新课程设计的核心原则

GAI 在课程设计中的应用，不仅是技术层面的革新，更是教育理念的深刻变革。通过遵循以下原则，教师可以更有效地利用 GAI 工具，优化课程设计，实现个性化教学。

（一）学习目标的高阶化与进阶化原则

真正的"教"是召唤学生"思"的能力。教意味着让人去学，真正的老师让人学习的东西只是学习本身。尽管 GAI 在处理基础、低阶知识方面表现出众，但在设计学习活动时，教师更应关注学生高阶能力的培养，如创造性思维、协作问题解决能力和批判性思维等。为实现这一目标，教师应综合考虑 GAI 技术的操作难度与学生的认知发展规律，据此规划 GAI 与学段、学习目标之间的协同关系，找到最适合的技术工具整合路径。例如，通过设计开放性问题和项目，激励学生提出创新性的解决方案；组织小组合作任务，让学生在互动交流中学会协作解决问题；引导学生对 GAI 提供的内容进行深入分析和质疑，培养独立思考的能力。这样既能提升学生的知识水平，又能促进其高阶思维能力的发展。

（二）技术应用中的伦理合规性原则

教育技术如同一把双刃剑。因此，科学、辩证地看待教育技术，确保其伦理合规使用，是教育技术应用的关键。UNESCO 发布的《GAI 教育和研究应用全球指南》指出，GAI 技术可能因缺乏对世界的深入理解而减少意见的多样性，影响多元观点和创新思想的发展。因此，在学习设计中，GAI 所扮演的专业教学设计师、助学同伴、学习路径引领师等角色，应更加注重"人师"的引导作用。教师需监控并审核 GAI 提供的低阶知识的准确性，同时借助 GAI 促进学生高阶思维的形成。此外，教师还应确保学生数据的安全与隐私，防止数据被泄露。

（三）学习体验的个性化与多样化原则

GAI 技术的特点在于内容的定制化、技术整合的集成化和呈现形式的亲和力。为了营造适宜的学习场景，GAI 赋能的学习设计强调学习体验的个性化与多样化，即在相同的学习目标下，为每个学生提供不同的学习路径和步调。教师在设计学习活动和学习支架时，应根据学生的不同学习风格提供个性化的支持，如为视觉型学习者提供更多图表和视频资源，为听觉型学习者提供音频材料。此外，教师还可以运用不同种类的教育提示语，设计促进学生个性反思的学习活动，如通过提问引导学生深入思考某个知识点，或通过案例分析帮助学生理解复杂概念。同时，采用多样化的评估方式，如自评、互评和教师评价，全面、准确地反映学生的学习成效。

二、GAI 革新课程设计的教师认知

随着 GAI 逐步渗透教育领域，中小学一线教师正迎来前所未有的挑战与机遇。在 GAI 赋能的课程设计中，教师的认知深度与适应能力成为关键因素。为了充分发挥这些先进技术的潜力，教师不仅要增强自身的数字能力，还需妥善应对学生在运用 GAI 时可能产生的学习态度及技术专业性方面的问题。以下策略旨在助力教师更好地理解与应用 GAI，确保其在教学实践中的有效性与合规性。

（一）提升教师的数字素养

随着 GAI 的到来，教师之间的数字素养差异愈发明显。教师数字素养指的是教师使用数字技术获取、加工、使用、管理和评价数字信息和资源，解决教育教学问题，创新变革教育教学活动的能力。随着以 GAI 为代表的新技术的不断突破，数字素养已成为新时代教师的必备能力。然而，这种能力的提升不应局限于技术操作层面，而应深入教育场景的融合实践。例如，教师应掌握如何设计恰当的提示词（prompt），引导 GAI 生成贴合教学需求的内容；教师应学会利用数据分析技能，从 GAI 提供的学习行为数据中提炼有价值的教学见解；教师还需具备技术整合能力，将 GAI 与其他教育工具紧密结合，构建一个全面的智能教学生态系统。这些能力的提升，源于在真实的教学实践中不断的摸索与积累。

（二）理解 GAI 的专业性局限

GAI 虽然在智能化程度上远超传统的、以搜索数据库为主的智能问答系统，能够根据提出的问题自主组织信息，进行一定程度上的推理和思考，但也正因

为这种"生成式"的特点，其所生成的答案存在局限性。教师应意识到，尽管现阶段国内的通用大模型在教育领域的应用效果整体较好，但在专业性、前瞻性上仍有提升空间。例如，在语文教学中，GAI 可能无法准确把握文学作品的深层意蕴，从而错误分析作品内涵；在科学教学中，GAI 可能无法提供最新的研究发现，或者可能输出有知识性错误的答案。这导致教师必须时刻保持专业判断力，既要善用 GAI 提高教学效率，又要避免过度依赖 GAI。教师可以在实际教学中，先用 GAI 生成初步方案，再结合教师的专业判断调整具体内容，确保教学内容可靠准确，始终在技术应用过程中保持人的主体性地位。

（三）积极应对学生的学习态度问题

人工智能技术的深入应用，让我们不得不警惕学习者是否会像在使用计算机、手机时那样形成技术依赖甚至达到成瘾水平，从而使教育目标背离初衷，使人的身心发展不够全面。第一，学生可能会使用人工智能技术代替自己完成作业。GAI 智能化的知识搜索、逻辑分析、内容创作等功能可以帮助学生轻松获得学习素材、解决学习问题甚至完成大量学习任务，这会直接撼动教师与学生之间所建立的以学生自身成长为目标的信任关系的基础。第二，人工智能技术在提高学生学习效率的同时，也在减少学生深度思考的机会，弱化学生学习迁移的能力。比如学生可以很容易地使用 ChatGPT 检索到知识或者操作步骤，但停留在低水平认知阶段，无法将其应用于具体场景中，这就会导致学生难以自主地将碎片化的外部知识内化为系统化的个人知识，难以形成体系化的知识结构。为应对这些挑战，教师可从多方面着手。首先，制定学生使用 GAI 的规范，明确学生可使用的 GAI 技术类型、使用方式及时间限制，并建立相应的责任追究机制。其次，建立学习活动的数据追踪机制，要求学生在完成开放性或大规模作业时，注明 GAI 的使用情况，并提供交互记录供教师审阅。最后，定期通过信息技术课程或班会等形式，向学生传授 GAI 技术的使用伦理与规范，增强学生的自律意识。

第二章 学习者分析：GAI 如何辅助教师分析真实学情

在教育领域的数字化转型大潮中，识别教学关键点与合理设定教学目的成为课堂革新的关键议题。本章借助 GAI 技术，全面探讨如何破解传统教学中普遍存在的三大难题：学生学习情况诊断的不明确、教学目标设定的主观性以及教学路径设计的单一化。本章介绍了 GAI 革新课程设计的第一大策略"角色扮演"，并通过"理论基础—策略开发—实际应用"的递进框架，结合案例说明 GAI 如何帮助教师革新学习者分析与目标规划。

第一节 角色扮演策略：以学习者为中心

本节首先深入探讨角色扮演教学策略的理论背景及其在实际教学中的运用逻辑，并介绍该策略在具体使用过程中的技术特征和注意事项，旨在为教育工作者提供既具有理论深度又贴近实际操作需要的指导手册。

一、GAI 革新学习者分析与目标规划的理论基础

教育理念的演变历程见证了从教师主导到以学习者为中心的根本转变。在传统教育模式下，教师与教材占据核心地位，而现代教育观念则通过认知科学

的革新实现了重大突破。教学心理学研究表明，学习者并非被动接受知识的容器，而是基于个人经验和情境互动不断构建认知体系的主动参与者。这一认知在维果斯基（Vygotsky）的社会建构理论中得到充分阐释，他强调学习是主体与环境交互作用的社会化过程。皮亚杰（Piaget）的认知发展理论也强调"儿童是基于他们的背景和经验以整体的、连续的方式来构建知识的"。因此，基础教育阶段亟需建立以"学生为中心"的课程体系，这与 GAI 的多模态融合能力不谋而合。GAI 技术的融入，促使课程设计从经验导向转向数据驱动，既尊重认知发展规律，又实现教学的精准化。本节将阐述学习者分析与目标规划的两个核心理论。

（一）建构主义理论

建构主义理论强调个体通过同化与顺应机制，将新知识内化为个人认知结构。图式作为认知的基本单元，通过已有图式整合新刺激（同化），或调整现有图式以适应新刺激（顺应），达到认知平衡。在建构主义理论视角下，GAI 为认知发展提供了强大的技术支持。GAI 辅助教师深入分析学生的多模态学习特征，如学习风格、动机、知识基础等，揭示个体认知图式的独特性。以几何证明题为例，GAI 不仅能判断答案正确性，还能识别学生的思维偏好，如空间想象或代数推导。当检测到新知识超出学生当前图式承载能力时，GAI 可帮助教师设计过渡性学习支架。例如，在物理教学中，针对难以理解电磁感应的学生，GAI 可推荐包含磁感线增强现实（AR）模拟和生活化类比（如地铁闸机）的微课组合，促进认知主体（学生）与环境（课堂学习）的持续互动与平衡。

（二）"关注学习者与知识生成"课程观

进步主义课程观以实用主义哲学为基础，强调"经验"对学习者的重要性。杜威等代表人物认为，经验是有机体与环境相互作用的结果，具有主动性和整体性。因此，课程应以儿童为中心，按照心理发展规律进行组织。这种观点要求打破学科界限，设置整合性的课程，这也是主题式阅读教学的灵魂所在。后现代课程规则认为知识是混沌的、开放的和非线性的，并提出了 4R 课程标准丰富性（Richness）、循环性（Recursion）、关联性（Relation）和严密性（Rigor）。它将知识视为对动态、变化的自我调节系统的解释，拒绝了知识的固定演化轨迹，强调知识的生成性和多样性。后现代课程观提倡将科学知识、社会知识和哲学等融合，形成新的课程范式。GAI 技术正在推动课程生成范式发生根本性变革。传统的"预设－执行"线性结构正在向"生成－演化"的生态模式转型。

二、角色扮演策略说明

GAI 革新课程设计的第一项策略是角色扮演策略。通过赋予 GAI 多重角色（数据分析师、学生模拟器、学习规划师），教师可系统性地实现"需求定位—需求验证—路径生成"的闭环设计流程（如图 2-1 所示）。

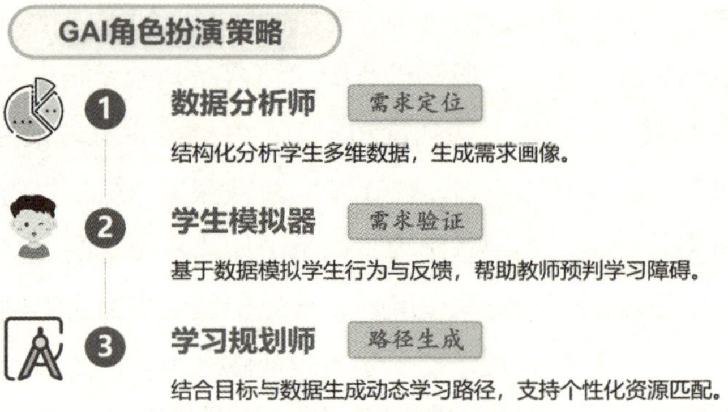

图 2-1 角色扮演策略说明

（一）数据分析师：从碎片数据到需求画像

GAI 首先扮演教育数据分析师的角色，其核心任务是将学生的零散信息整合为结构化、可操作的需求画像。教师向 GAI 输入包括认知发展阶段（如皮亚杰理论）、学习风格（如霍尼-芒福德分类）、动机水平（如 ARCS 模型评估）及知识基础等多维度数据。GAI 则基于加德纳的多元智能理论进行综合分析，强调智能的多样性（如语言、逻辑、空间、动觉等），确保数据分类超越单一学科成绩，涵盖认知、情感、行为等多个方面。例如，当发现学生在逻辑数学智能方面较弱，而在动觉智能方面较强时，GAI 会建议教师设计更多动手实验任务，而非纯理论推导练习。通过这一过程，GAI 能够生成标签化的学生特征描述（如"视觉型学习者 / 自信心较低"），并识别潜在的学习障碍（如抽象概念理解困难），为后续教学决策提供依据。

（二）学生模拟器：从数据推演到行为预判

在数据分析师完成需求定位后，GAI 切换至学生模拟器角色，通过模拟真实对话帮助教师验证需求假设。这一过程的理论根基是社会建构主义，即知识是在社会互动中构建的，教师需通过对话理解学生的认知冲突与意义建构过程。例如，当教师提问"为什么你认为水的蒸发与温度有关？"时，GAI 会基于先前输入的学生数据（如"偏好具象思维 /ARCS 关联性评分 2/5"），模拟出符合该特征的回答："我在家看到水壶烧开水时冒热气，但不知道这和温度具体怎么关联。"此类对话不仅能暴露学生思维盲区（如混淆蒸发与沸腾），还能揭示未被量化数据直接反映的需求（如对生活化案例的渴求）。教师通过反复追问与观察模拟反应，可动态修正对学生需求的认知，避免依赖静态数据导致的误判。

（三）学习规划师：从目标拆解到路径生成

GAI 作为学习规划师的角色，将分析结果转化为可执行的个性化学习路径。这一阶段的理论指导是掌握学习理论，主张通过诊断性评估和分层任务设计来确保所有学生达到学习目标。GAI 会根据学生的需求画像，将课程标准分解为阶梯式任务，并嵌入形成性评估节点。例如，在"物质状态变化"单元中，GAI 可能设计以下路径：第一阶段通过冰块融化实验（适合动觉学习者）建立直观认知；第二阶段引入分子运动动画（解决抽象概念理解难题）；第三阶段开展"不同物质熔点对比"的探究项目（满足高阶思维发展需求）。同时，GAI 会匹配差异化资源（如实验指南、可视化工具、拓展阅读材料），并为每个任务提供理论依据（如"任务 2 采用抛锚式教学法，增强情境关联性"），帮助教师理解设计逻辑。

课程增效：生成式人工智能打造优质课堂

（四）三种角色扮演切换的逻辑闭环

在使用角色扮演策略时，教师需要依次执行三个步骤：定位需求、验证这些需求并通过它们生成具体的学习路径。这种方式打破了传统课程开发中数据收集与方案设计之间的隔阂，使得课程设计更加灵活且能迅速响应学生的变化需求。例如，当模拟对话显示学生对"分子运动"概念存在具象化需求时，教师可即时要求学习规划师在路径中增加模型构建环节，而非等待教学实施后再调整。通过这种协同工作模式，AI 不仅成为教师的得力助手，也促进了课程设计由经验驱动向数据与理论双重驱动的转变。

三、关键技术说明

为了将理论框架有效落地，技术工具的选择和使用至关重要。当前教育技术生态系统中，GAI 平台的功能差异直接影响学习者分析的精度与教学决策的效度。教师在选择技术工具时，需从数据解析深度、教育适配精度及操作友好程度三个维度进行综合评估，选择最为合适的 GAI 平台。本节将剖析主流 GAI 平台的核心特性，并探讨提示词设计的关键法则，帮助教师将前沿技术转化为可操作的教学生产力。

（一）角色扮演策略中的技术平台选择

技术平台的选择直接影响学情分析的深度与信效度。合适的平台应具备三大特征：一是数据兼容性，尽可能可以支持 Excel、图片、文字等多模态数据输入；二是分析颗粒度，可细化至单个知识点的掌握情况追踪；三是使用者的使用习惯，能够尽可能简化操作，方便使用者。表 2-1 列举了几个不同 GAI 平台在进行学生已知内容分析时的特点。

表 2-1　GAI 平台分析

名称	特点
办公小浣熊	具备强大的数据分析与文档解析能力，能快速处理学生的成绩数据、学习行为数据等，精准分析学生的知识掌握情况。比如可从复杂的数学成绩数据中，分析出学生在代数、几何等各板块的具体水平

续表

名称	特点
DeepSeek	具有强大的推理能力和丰富的中文语言处理能力。擅长提供个性化学习规划,能依据学生的学习进度和知识掌握程度,提供针对性的辅导
通义千问	在个性化教学方案设计方面表现较好。支持多模态数据处理,能综合分析文本、图像、视频等多种形式的学习数据,全面了解学生学习状况
文心一言	知识覆盖广泛,拥有多学科、多领域的知识储备,能为课程学习者分析提供丰富的信息,帮助教师了解学生可能存在的知识疑问点。中文语言处理能力较强,对于以中文为母语的学生,在分析语文学习情况,如阅读理解、写作能力等方面,能精准把握语义、语法和文化背景
Kimi	在自然语言处理领域表现出色,擅长情感分析和文本分类任务,能通过分析学生的学习反馈、提问等文本,了解学生的学习情绪和对知识的掌握类别
智谱清言	语义理解能力较强,知识库处理相对高效

(二)角色扮演策略的提示词说明

提示词设计是激活 GAI 教育潜能的关键开关。结构化、规范化的指令如同为 GAI 配备教学指南针,确保分析结果既符合教育规律,又具备实践指导价值。规范的指令结构包含五个要素。角色定义:明确 GAI 的辅助定位(如"学情分析师");情境锚定:说明教学阶段与课程标准要求;任务指令:指定分析维度与方法论框架;输入规范:规定数据格式与内容范畴;输出要求:设定结果呈现形式与细化程度。具体说明如表 2-2 所示。

表 2-2 提示词指令说明

输入语句	解释	示例
角色定义	GAI 扮演的角色	你是一位高级数据分析师
情境锚定	当前处于什么教学情境或者背景下	你即将给学生教授"整式的加减"这一课程

续表

输入语句	解释	示例
任务指令	希望 GAI 执行的特定任务	请从知识基础、背景经验、学习能力几个维度对该班学生进行学情分析
输入规范	用户实际输入的内容，包括文本内容和文档上传	文档是本班学生的基本信息，需要根据文档内容进行分析
输出要求	用户指定输出的内容、类型、格式等	请将学情分析的内容以表格形式输出

四、使用"角色扮演策略"的注意事项

在利用 GAI 革新课程设计的过程中，教师需特别注意以下三方面问题，以确保技术应用的合理性、安全性及教育价值。

（一）伦理与隐私：保护学生数据安全

学生数据是进行分析的基础，但其使用必须严格遵守伦理和隐私保护原则。首先，教师应确保所有输入到 GAI 中的学生数据都经过匿名化处理，避免直接使用学生的姓名、学号或其他敏感信息。例如，在描述学生特征时，可以使用"学生 001"或"四年级学生 B"这样的代称，而不是具体的名字。此外，教师应将数据的使用目的和范围明确告知学生及其家长，并征得他们的同意，从而建立信任关系。

在数据存储和传输过程中，教师应选择符合教育行业标准的安全工具，防止数据被泄露。比如，使用学校提供的安全云平台来存储学生数据，而不是个人设备或公共网络。最后，教师应定期清理不再需要的数据，以避免长期存储带来的潜在风险。通过这些措施，教师不仅能保护学生隐私，还能为数据分析提供高质量且合规的数据基础。

（二）人机协同边界：教师专业判断不可替代

尽管 GAI 在数据分析和路径规划方面表现出色，但其输出结果仍需经过教师的专业判断和调整。GAI 生成的解决方案可能基于算法，未必完全符合

具体的教学场景或学生个体需求。例如，GAI 可能会推荐一项高难度的实验任务，但未考虑到班级整体设备限制或学生安全风险。此时，教师需要结合自身经验和实际情况，对任务进行优化或替换。

教师还应警惕对 GAI 的过度依赖。GAI 是一个辅助工具，而不是替代教师的"万能解决方案"。例如，在生成学习路径后，教师需要进一步评估其是否符合课程标准、是否适配班级整体进度、是否满足学生的个性化需求等。通过人机协同，教师既能发挥 GAI 的效率优势，又能确保课程设计的科学性和人文关怀。

（三）学生参与度：以学生为中心优化路径设计

GAI 生成的学习路径是否有效，最终需通过学生的实际体验来验证。因此，教师应定期邀请学生参与评价，收集其对任务设计、资源匹配及支持策略等方面的感受，作为优化路径设计的反馈。例如，在完成"物质状态变化"单元后，教师可设计一份简短的问卷，邀请学生对任务的趣味性、难度及实用性进行打分（如 1～5 分），并开放文字反馈栏，收集具体建议。

这种"学生参与式优化"不仅能提升路径设计的适用性，还能增强学生的学习主体意识。例如，当学生发现自己的反馈被采纳（如"增加动手实验环节"）时，会更积极地投入后续学习。同时，教师可将学生反馈作为迭代依据，动态调整 GAI 生成路径。

第二节
分析学生现状：实现多维度学习者分析

在追求教学目标精准定位的过程中，学习者分析扮演着如同航海图般的关键角色。通常情况下，学情诊断主要依赖于教师的个人经验，这往往导致分析过程主观性强且覆盖面有限。然而，随着 GAI 技术的引入，学情诊断已升级为基于多源数据融合的智能系统，通过捕捉学生的认知轨迹、情感波动和行为特征，教师可以构建出三维的学习者画像，为教学决策提供坚实的科学依据。

一、多维度学习者分析框架

学生已知内容分析是教学设计的逻辑出发点，其核心在于揭示学习者认知结构的最近发展区。GAI 通过自然语言处理和知识图谱技术，能够系统解构学生既有知识体系的三大维度：现有知识基础、学习经历以及具体技能水平。这一全面分析有助于教师更准确地把握学生的学习状态，从而设计出个性化的教学计划，巩固学生的基础知识，有效利用他们的先验知识，并提升他们的综合能力。通过这种方式，教学策略变得更加科学合理，能够更好地满足不同学生的学习需求，进而提高整体教学质量和学生的学习成效。

图 2-2 展示了学生已知内容分析框架，它将分析内容分为三个主要部分：基础知识掌握、先验知识和技能与方法。

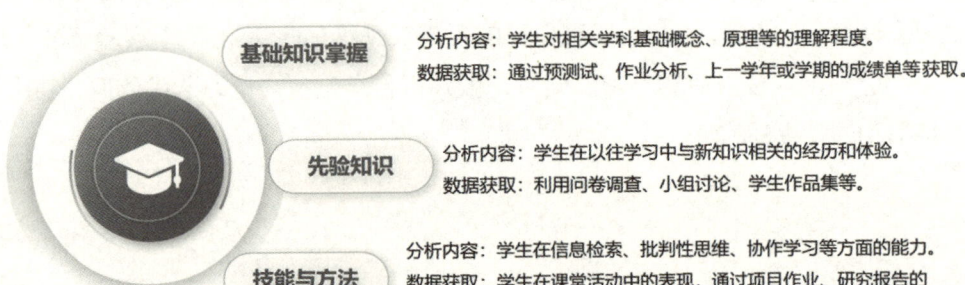

图 2-2 学生已知内容分析框架

（一）基础知识掌握

基础知识掌握部分关注的是学生对相关学科基础概念和原理等的理解程度，这包括他们对学科知识的掌握情况及理解的深度。为了获取这方面的数据，可以通过预测试以及上一学年或学期的成绩单等方式来评估学生在基础知识方面的掌握情况。

（二）先验知识

在先验知识部分主要分析学生在以往学习中与新知识相关的经历和体验。这涉及学生之前接触过的相关知识，以及他们如何将这些知识应用到新的学习情境中。为了解学生的背景知识和经验，可以通过问卷调查、小组讨论和学生作业集等方式来收集数据。

（三）技能与方法

技能与方法部分关注学生在信息检索、批判性思维、协作学习等对学生学术和职业生涯中的成功而言至关重要的能力。可以通过观察学生在课堂活动中的表现，以及项目作业和研究报告的完成情况来获取数据。此外，教师还可以直接教授并评估特定学习策略的使用情况，以更全面地了解学生的技能和方法。

二、面向全体学生的"数据分析师"

以下案例展示初中数学教师如何运用"办公小浣熊"平台实施学情诊断。案例选取七年级"整式的加减"单元，该阶段学生正经历从算术思维向代数思维的转型期。通过分析单元测试、作业表现与课堂行为的三维数据，系统将生成包含认知特点、知识缺口、能力发展建议的综合性诊断报告。

【操作案例2-1】GAI赋能基础知识的数据分析

探讨GAI赋能学生数据分析首先需聚焦其在基础知识诊断中的应用。本节旨在解析如何利用GAI平台，以解析学生整式学习的单元测试数据为例，理解学生的认知特征与学习基础，为后续的教学策略制定提供科学依据。

提示词设计

你现在是一位高水平的初中数学老师，也是高级数据分析师（角色扮演策略），

> 课程增效：生成式人工智能打造优质课堂

学生目前已经学完了七年级上册第二章第一节整式的内容，即将开始学习第二节整式的加减（学习进度说明）。现在上传的文档是我班学生的整体测评情况，测评情况包含学生整式这一节的单元测试结果（上传文档说明）。请根据文档，结合我国义务教育课程标准，来分析学生的认知特点和学习基础（输出结果说明）。

数据输入

学生测评情况最好以 Excel 的格式上传。恰当的数据上传格式是 GAI 正确理解数据的基础，因此数据一定要采用格式化的形式表达。如图 2-3 所示，单击文件上传按钮（红色方框所示），将包含学生单元测试结果、作业表现和课堂表现的"学生测评情况"文档上传至平台，同时将上述的提示词添加至对话框。

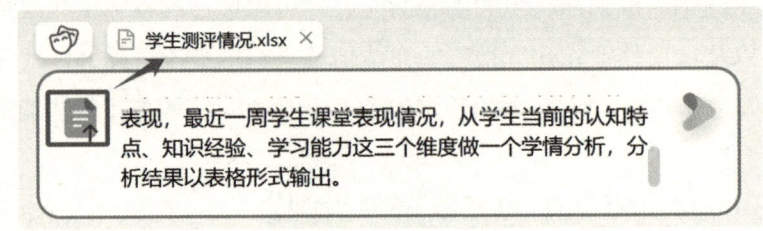

图 2-3 数据输入示例

学生单元测试结果不要只提供学生的整体成绩，这样不利于 GAI 结合课程标准或者知识点进行详细的分析。如果试卷本身有详细的知识点分析，教师可以上传知识点表现分数；如果教师也没有题目的知识点分析，可以直接上传题目分数（如表 2-3 所示）。

表 2-3 学生单元测试结果上传材料示例

题目	该题总分	全班平均得分
1. 以下哪个是整式？ A. $\dfrac{1}{x}$ B. $2x^2+3x-1$ C. $\sqrt{x}$ D. $\dfrac{2}{x+1}$	5	4

续表

题目	该题总分	全班平均得分
2. $3a^{2b}$ 的系数是？ 　　A. 2 　　B. 3 　　C. a^2 　　D. b	5	3
3. $-2x^2 + 3x - 5$ 是一个？ 　　A. 一次整式 　　B. 二次整式 　　C. 三次整式 　　D. 常数整式	5	2.5
4. 下列各式中，不是整式的是？ 　　A. $2x+1$ 　　B. $x^2 - 3x + 2$ 　　C. $\frac{3}{x}$ 　　D. $4a - 5b + 6$	5	3
5. 计算 $(3x^2 + 2x - 1) + (2x^2 - x + 3)$	10	6
6. 化简 $4a(2a - 3b) - 5a(3a - b)$	10	5
7. 计算 $(x - 2)(x + 3)$ 并写出结果	10	4
8. 计算并化简 $2(x - 1)^2 - (x^2 - 4x + 3)$	10	5
9. 一个长方形的长是 $3x + 2$，宽是 $2x - 1$，求长方形的面积	20	15
10. 某商品原价 $100x$ 元，现价 $80x$ 元，求降价的百分比	10	8

【操作案例 2-2】GAI 赋能先验知识的数据分析

继基础知识诊断后，需进一步探讨先验知识的评估。本节阐述如何利用 GAI 技术，结合义务教育课程标准，对班级学生的知识经验进行评估，揭示学生学习过程中的潜在障碍，为教学策略的优化提供有力支撑。

提示词设计

你现在是一位高水平的初中数学老师，也是高级数据分析师（角色扮演策略），

课程增效：生成式人工智能打造优质课堂

学生目前已经学完了七年级上册第二章第一节"整式"的内容，即将开始学习第二节"整式"的加减（学习进度说明）。现在上传的文档是我班学生的整体测评情况，测评情况包含学生整式这一节的作业表现，最近一周学生课堂表现情况（上传文档说明）。请根据文档，结合我国义务教育课程标准，从班级学生的知识经验进行详细的学情分析（输出结果说明）。

数据输入

学生作业表现数据需呈现梯度化特征分析。如表 2-4 所示为"优秀－较优－良好－较差－很差"的五级分布模型，配合具体人数统计，可帮助 GAI 识别群体性学习障碍。

表 2-4　学生作业表现上传材料示例

等级	优秀	较优	良好	较差	很差
人数	5	15	20	6	4

【操作案例 2-3】GAI 赋能技能与方法的数据分析

在探讨基础知识与先验知识的评估后，我们转而关注技能与方法的多维度综合评估，揭示学生的学习能力，进而促进学生的全面发展。

提示词设计

你现在是一位高水平的初中数学老师，也是高级数据分析师（角色扮演策略）。现在上传的文档是最近一周学生课堂表现情况（上传文档说明）。请根据文档和我们之前对话的结果，结合我国义务教育课程标准，从班级学生的学习能力维度进行详细的学情分析（输出结果说明）。

数据输入

学生课堂表现的多维度量化是 GAI 分析的重要输入源。如表 2-5 所示，主动参与互动质量数据可反映学生的认知投入度，而任务完成指标则关联知识内化效率。例如当专注程度数据异常时，系统会建议调整教学节奏或嵌入情境化教学元素。

表 2-5 学生课堂表现上传材料示例

维度	说明	班级整体表现
主动参与	学生是否积极回答问题、提出观点或参与小组讨论	良好
专注程度	学生是否在课堂中保持专注，并通过肢体语言等方式展示对教学内容的兴趣	良好
互动质量	互动包括提问和回答。提问质量指的是学生的提问是否有深度，是否能够引发有意义的讨论；回答质量则指学生回答问题的准确性、完整性和逻辑性	良好
任务完成	学生是否按时完成分配的课堂任务或活动，以及是否能够独立完成和提交课后作业	一般
课堂纪律	学生是否遵守课堂纪律，如不打扰他人、不迟到、不早退等	优秀

【操作案例 2-4】GAI 赋能学生数据分析的结果优化

将上述内容上传至办公小浣熊平台后，可以得到学生的已知内容分析结果，如图 2-4 所示。在收到第一次分析结果之后，可以通过提示词的对话补充，根据实际需求进行结果优化。这种迭代对话机制，使学情分析从静态报告升级为动态决策支持系统。

> 根据学生的测评情况,我将从学生的认知特点、知识经验和学习能力三个维度进行学情分析,并以表格形式输出分析结果。
>
> **学情分析**
>
> **1. 认知特点**
>
> - **理解能力**:从单元测试成绩来看,学生在理解整式的概念和性质方面存在一定难度。特别是在识别整式(题目1)和区分整式与非整式(题目4)上,全班平均得分较低。
> - **计算能力**:在进行整式的加减运算(题目5、6、7、8)时,学生的平均得分较低,表明在整式的基本运算方面需要加强。
>
> **2. 知识经验**
>
> - **基础知识掌握**:作业完成情况显示,有20名学生的表现被评为"良好",而"优秀"和"较差"、"很差"的学生数量较少。这表明大部分学生对整式的基础知识有一定的掌握,但仍有提升空间。
> - **应用能力**:在应用整式解决实际问题(如题目9和10)时,学生的平均得分为15分和13分,表明他们在将知识应用到实际问题中时遇到困难。
>
> **3. 学习能力**
>
> - **课堂参与度**:课堂表现记录显示,学生在"举手回答问题"方面表现"良好",而在"上台展示情况"方面表现"较差"。这可能意味着学生在积极参与课堂活动方面表现良好,但在公开展示自己的能力方面有待提高。
> - **合作与交流**:在"课堂讨论情况"方面,学生的表现被评为"一般",表明在小组合作和交流方面可能需要更多的鼓励和支持。

图 2-4　学生已知情况的第一次分析结果

1. 深化内容分析

提示词:"请对比课标要求,列出未达标的 5 个具体知识点。"

使用场景:GAI 回答的内容未能符合一开始的提问需求。

2. 细化分析维度

提示词:"请将班级整体学情分析细化至小组层面,按照基础组—提升组—拓展组分类呈现。每组需包含:知识掌握薄弱点(列出前 3 个)、典型思维误区(各 1—2 个)、针对性教学建议(每组 3 条)。输出格式要求:表格形式,包含组别、问题描述、建议措施三列。"

使用场景:当初步分析结果过于笼统,需要针对不同层次学生制定差异化教学策略时使用。

3. 补充教学资源

提示词："根据学情分析结果，为以下知识点推荐补救资源：整式化简步骤混淆、同类项识别错误、去括号法则应用不当。要求：每个知识点推荐 2 个微课视频（时长 <5 分钟）、配套 3 道梯度练习题（基础—中等—挑战）、提供 1 个生活化应用案例。输出格式：知识点 + 资源链接 + 简要说明。"

使用场景：当分析结果显示特定知识点存在普遍性问题，需要快速获取补救资源时使用。

4. 预测学习趋势

提示词："基于当前学情数据，预测班级在未来一个月内的学习发展趋势。要求：列出 3 个可能出现的共性问题、预测各层次学生的进步空间（用百分比表示）、提供 2 个预防性教学建议。输出格式：预测问题 + 数据支持 + 预防措施。"

使用场景：当需要前瞻性规划教学进度，预防潜在学习困难时使用。

第三节 制定个性化学习路径：依据目标与需求规划

个性化学习路径的构建如同为每位学生绘制专属的认知导航图。传统教学往往采用"一刀切"的设计模式，而 GAI 技术通过多维数据分析，能够精准识别学习者的认知特征、风格偏好与发展需求。这种从"群体覆盖"到"个体适配"的转变，使教学目标与学习路径实现动态匹配，确保每个学生都能在最近发展区内获得最优发展支持。

一、GAI 辅助的需求分析——个性化学习的"数据分析师"

需求分析的基本框架基于教育目标分类学与学习科学理论构建，包含认知

课程增效：生成式人工智能打造优质课堂

特点、学习风格、学习动机和基础知识水平四大维度，介绍说明如表2-6所示。

表2-6 GAI辅助的需求分析的基本框架

数据维度	具体指标	数据格式示例
认知特点	年龄阶段（皮亚杰认知发展阶段）、注意力时长	文本描述（如"12岁，具体运算阶段"）
学习风格	霍尼-芒福德学习风格（行动型/反思型/理论型/实用型）	分类标签（如"行动型：70%；反思型：30%"）
学习动机	内部动机与外部动机	量表数据（如"外部动机为主"）
基础知识水平	前测分数、错误知识点分布、学科核心素养薄弱项	表格（知识点-掌握程度百分比）

【操作案例2-5】GAI辅助分析认知特点

数据准备与输入

（1）创建Excel表格，包含如表2-7所示字段。

表2-7 学生认知特点分析的数据输入示例

学号	年龄	课堂专注表现（1~5分）	典型认知行为描述
01	12	4	能理解抽象公式，但在空间想象上有困难
02	11	3	偏好实物操作，口头解释理解较慢

（2）数据说明：

- 年龄：直接填写数字（周岁）
- 课堂专注表现：教师观察评分（1分：持续专注<10分钟；5分：专注>30分钟）
- 行为描述：记录典型学习场景中的表现（如实验课/理论课的不同反应）

提示词设计

你是一位教育心理学专家，现在需要根据学生数据判断其大致的认知发展阶段：

（1）参考皮亚杰理论，学生在 7~11 岁是具体运算阶段，11 岁以上是形式运算阶段；

（2）根据行为描述补充判断依据。请处理以下数据：

学号 01：12 岁，专注 4 分，行为"能理解抽象公式但空间想象困难"

学号 02：11 岁，专注 3 分，行为"偏好实物操作"

【输出要求】表格形式，包含学号 / 认知阶段 / 专注建议 / 教学提示，教学提示需结合年龄与行为特征。

输出示例如图 2-5 所示。

学号	认知阶段	专注建议	教学提示
01	形式运算阶段	每15分钟切换活动	提供3D建模工具辅助空间想象
02	具体运算阶段	每10分钟穿插操作环节	使用计数棒等教具讲解代数概念

图 2-5　GAI 辅助的学生认知特点分析结果示例

【操作案例 2-6】GAI 辅助分析学习风格

学习风格是指人们在学习时所具有的或偏爱的方式，换句话说，就是学习者在研究和解决其学习任务时，所表现出来的具有个人特色的方式。学习风格是在学习者个体神经组织结构及其机能基础上，受特定的家庭、教育和社会文化的影响，通过个体自身长期的学习活动而形成的，具有鲜明的个性特征。学习风格一经形成，即具有持久稳定性，很少随学习内容、学习环境的变化而变化。学习风格对于学习质量、学习效率有很大的影响，因此，理解学生的学习风格能够更好地进行学习路径规划。

1. 霍尼 - 芒福德学习风格介绍

根据霍尼（Peter Honey）和芒福德（Alan Mumford）的观点[①]，学生在学习时有四种不同的风格或偏好。与学习活动相对应，学习者有 4 种类型：行动型、理论型、实用型和反思型（具体内容见图 2-6）。由于不同的学习活动适合不同

---

① Honey, P., & Mumford, A. Using our learning styles[M]. Berkshire: Peter Honey, 1986.

的学习风格，因此确定最适合学习风格和活动性质的学习活动至关重要。

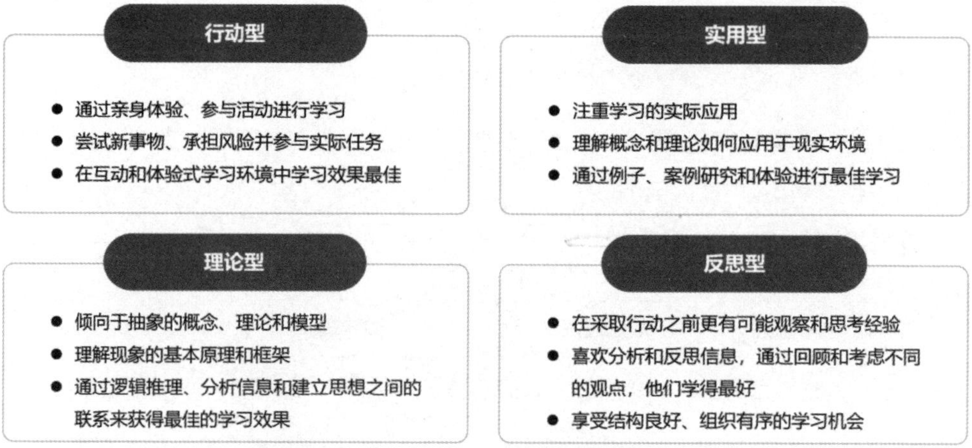

行动型
- 通过亲身体验、参与活动进行学习
- 尝试新事物、承担风险并参与实际任务
- 在互动和体验式学习环境中学习效果最佳

实用型
- 注重学习的实际应用
- 理解概念和理论如何应用于现实环境
- 通过例子、案例研究和体验进行最佳学习

理论型
- 倾向于抽象的概念、理论和模型
- 理解现象的基本原理和框架
- 通过逻辑推理、分析信息和建立思想之间的联系来获得最佳的学习效果

反思型
- 在采取行动之前更有可能观察和思考经验
- 喜欢分析和反思信息，通过回顾和考虑不同的观点，他们学得最好
- 享受结构良好、组织有序的学习机会

图 2-6　霍尼-芒福德的 4 种学习风格

2. 学习风格测试方法

测试问卷通常包含 80 道题目，涵盖四种学习风格的相关行为倾向。题目包括"我喜欢通过实际操作来学习新知识。""在学习新知识时，我倾向于先观察和分析。""我更喜欢将理论应用于实际问题的解决。""我倾向于在采取行动前仔细思考所有可能性。"等。测试者需根据自身情况选择最适合自己的选项。每种学习风格的最高得分为 20 分。得分越高，表明个体在该风格上的倾向性越强。因为版权原因，全部题目可以在 *Honey and Mumford Learning Style Questionnaire: What kind of learner are you?* 网站免费获得。

值得注意的是，学生的学习风格具有一定的稳定性，在短时间内不会改变。因此，虽然学习风格的测试较为复杂，但是在 2～3 年的学习时间内只需要测试一次就可以。

3. GAI 辅助学习风格确定

将 Excel 文件上传至办公小浣熊平台，通过提示词帮助分析学生的学习风格。

提示词设计：

角色：教育数据分析专家。

第二章 学习者分析：GAI 如何辅助教师分析真实学情

任务：根据霍尼－芒福德问卷计分规则处理数据。输入：40 位学生的 80 题作答表（列 1~80 为题目，行对应学生）。

处理要求：

- 实用型得分 = 第 1~20 题得分之和
- 理论型得分 = 第 21~40 题得分之和
- 反思型得分 = 第 41~60 题得分之和
- 行动型得分 = 第 61~80 题得分之和

输出：每位学生的四维得分及主导风格判断

数据输入格式：数据以 Excel 的形式上传，如表 2-8 所示。

表 2-8　GAI 辅助学习风格确定的数据格式示例

编号	1	2	3	……（省略 4~77 列数据）	78	79	80
01							
02							
				……（省略 03~38 号学生的数据）			
39							
40							

【操作案例 2-7】GAI 辅助分析学习动机

从学习路径规划的精准性来看，学习动机是驱动学生学习的内在动力，不同的学习动机将引导学生走向不同的学习方向。因此，调查学生的学习动机对于借助 GAI 进行精准的学习路径规划、促进学生个性化发展及提升学习效果都有着不可或缺的作用。

1. 学习动机介绍

学习动机是指引发与维持学生的学习行为，并使之指向一定学业目标的一种动力倾向。其中内部动机指的是由个体内心的兴趣、好奇心和个人成就感驱动的行为。例如"我对这个学科感到非常感兴趣"。外部动机则是由外界奖励（如成绩、表扬）或避免惩罚（如不及格、批评）驱动的行为。例如"我努力学习是为了得到好成绩"。

2. 学习动机测试方法

皮特里希（Pintrich）的学习动机测量工具是一个广泛应用于教育心理学领域的问卷，用于评估学生的学习动机和使用学习策略的情况[①]。量表一般从"完全不同意"到"完全同意"，分别为 1 分到 5 分（题目见表 2-9）。

对于如何通过测试结果判断学生的动机类型，可以遵循以下步骤。

（1）计算得分：分别计算每个学生的内部动机题目和外部动机题目的平均得分。假设前三道题为内部动机类，后三道题为外部动机类。

（2）比较得分：

- 如果一个学生的内部动机题目的平均得分显著高于外部动机题目的平均得分，则可以认为该学生主要受内部动机驱动。
- 相反，如果外部动机题目的平均得分高于内部动机题目的平均得分，则表明该学生更多地受到外部动机的影响。
- 若两者的得分相近，则可能意味着该学生同时受到内部和外部动机的影响。

表 2-9 学生学习动机

分类	题目
内部动机	我比较喜欢有挑战性的教材，因为这样我可以学到新的事物
	我比较喜欢能引起我好奇心的教材，即使困难也无所谓
	如果可以，我会选择能学到东西的课程，即使分数不高也无所谓
外部动机	得到好成绩，对我来说是最满足的事情
	如果可以，我希望能在课程中得到比大多数学生好的成绩
	我希望在课程中能有好的表现，因为在家人、朋友、老师或其他人面前展现我的能力是很重要的

[①] Pintrich, P.R., Smith, D.A.F., Garcia, T., & McKeachie, W.J. A manual for the use of the motivated strategies for learning questionnaire (MSLQ)[M]. MI: National Center for Research to Improve Postsecondary Teaching and Learning (ERIC Document Reproduction Service No. ED 338122), 1991.

【操作案例 2-8】GAI 辅助分析基础知识水平

从提升学习路径规划的适配性来看,学生的基础知识水平是构建学习路径的基石。每个学生的知识储备和学习起点都不尽相同,若不了解学生的基础知识状况,所制定的学习路径可能会出现"过难"或"过易"的情况。借助 GAI 强大的数据处理和分析能力,教师可以快速、精准地掌握学生在各个学科领域的基础知识水平。

数据标准化处理

教师制作的知识点掌握表(Excel 格式)如表 2-10 所示。

表 2-10 基础知识水平数据输入格式示例

学号	知识点 1	知识点 2	...	知识点 n	错题类型标注
01	80%	65%	...	72%	整式加减:符号错误(3 次) 同类项合并:漏项(2 次)
02	45%	92%	...	58%	...

提示词设计

你是一位学科数据分析师,请完成以下任务:

1. 诊断群体薄弱点:
   - 计算各知识点平均掌握率
   - 标红掌握率 <60% 的知识点
2. 分析个体知识结构:
   - 对每个学生,列出掌握最差的 3 个知识点
   - 关联错题记录给出错因分析
3. 生成教学建议:
   - 群体层面:设计 2 个补救性课堂活动
   - 个体层面:为每个学生推荐 1 个微课 +3 道练习题

输入内容:上传的 Excel 文件是学生的基础知识水平情况,请根据这部分数据进行分析

输出要求:

- 使用 Markdown 表格呈现结果
- 标注急需干预的知识点

输出结果示例如图 2-7 所示。

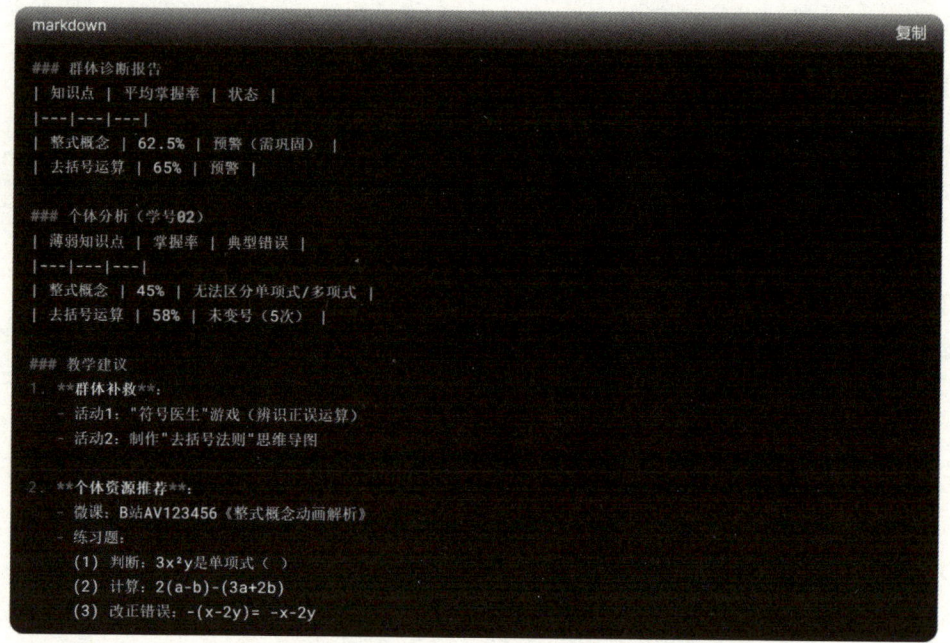

图 2-7　GAI 支持的基础知识水平输出结果示例

二、GAI 辅助的需求验证——"学生模拟器"

学生需求分析如同绘制航海图，但图纸的精确性需要经得起风浪考验。传统教学中，教师往往依赖抽样提问、作业批改等滞后性手段验证学情判断，这种盲人摸象式的验证方式易陷入经验主义窠臼。GAI 扮演的"学生模拟器"，通过构建虚拟对话实验室，实现了需求验证的三大革新：认知特征的动态推演——基于皮亚杰发展阶段模拟应答逻辑；学习风格的情境再现——依照霍尼-芒福德类型生成互动偏好；知识水平的梯度测试——参照掌握度数据设计认知冲突。这种数字孪生技术将静态数据分析转化为动态教学预演，使教师能够像调试精密仪器般校准教学方案,在实施前预见不同认知类型学生的真实反应,从而突破用统一教案应对差异需求的传统困境。

📜【操作案例 2-9】综合学生需求分析内容

基于前期采集的认知特点、学习风格、学习动机、基础知识水平等多维度数据,构建结构化学生档案。GAI 通过交叉分析生成学生需求画像,明确显性需求(知识缺口、技能不足)与隐性需求(情感支持、兴趣激发)。

数据输入格式需求

将在上一步骤中与 GAI 交互获得的数据结果整理在一张新的 Excel 表中(如表 2-11 所示),作为数据输入。需要注意的事项如下。

(1)认知阶段:皮亚杰理论分类(前运算/具体运算/形式运算)。

(2)学习风格:霍尼-芒福德四型简写(A-行动型/T-理论型/R-反思型/P-实用型)。

(3)动机类型:内部动机(I)/外部动机(E)。

表 2-11 基础知识水平数据输入格式示例

学号	认知特点	学习风格	学习动机	基础知识水平
01	具体运算	行动型为主	内部动机	去括号运算掌握不足
02	形式运算	理论型为主	外部动机	整体概念掌握不足

提示词设计

角色:教育数据分析师

任务:生成学生需求画像

输入:学生多维数据表(格式见示例)

处理要求:

1. 识别每位学生的知识薄弱点(掌握率<60% 的知识点)

2. 标注学习风格与教学内容的匹配度(如行动型学生缺少实践任务)

3. 挖掘兴趣领域与学科知识的关联点

课程增效：生成式人工智能打造优质课堂

输出：
- 表格：学号/显性需求（3条）/隐性需求（2条）
- 文字说明：群体共性需求总结

【操作案例 2-10】GAI 扮演学生验证需求

通过模拟真实课堂对话，验证需求分析的准确性。GAI 基于学生档案数据，生成符合其认知水平和行为特征的对话内容，暴露潜在认知冲突或未显性化的需求。

提示词设计

你现在是一名初中生（学号02）。学生的特征包括：认知阶段处于（具体运算阶段），学习风格属于（反思型），在（几何证明）方面存在明显的薄弱点。现在请你和我一起模拟课堂对话，我输入的内容包括（教师提问列表和学生档案数据）两份资料。请你根据上面的信息与我进行对话，并输出你的观点。输出要求：1. 回答需符合学生认知水平（避免使用抽象术语）；2. 体现反思型风格特征（如自我质疑、谨慎表述）；3. 暴露知识薄弱点（如证明方法单一）；4. 隐含兴趣倾向（如建议手工验证）。

下面给你提供一个例子：

教师：如何证明两直线平行？

GAI：可以用三角板比对角度？不过如果线条很长的话可能不好操作……

对话示例

GAI 扮演学生验证需求的对话示例如图 2-8 所示。

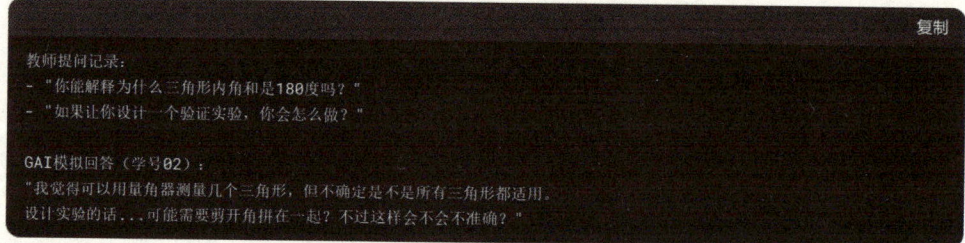

图 2-8　GAI 扮演学生验证需求的对话示例

【操作案例 2-11】GAI 扮演学生补充需求

通过扩展性对话挖掘潜在需求，包括情感支持、认知脚手架需求、跨学科联结机会等。GAI 模拟学生在非结构化对话中自然流露的深层需求。

提示词设计

你现在是一名学生心理分析师，现在需要从对话中提取学生的隐性需求。下面我将为你提供学生自由讨论文本（如课堂随笔、课后提问）和学生档案数据。

处理规则包括：识别情绪词汇（如"挫败""有趣"）并关联动机类型；分析隐喻表述（如"魔法地图"指向可视化需求）；推荐适配资源。

请将所有的内容以表格的形式输出，需要包括显性表述、隐性需求和教学建议，并进行优先级标注：★（紧急）至★★★（长期）

对话示例

下面的内容为使用文心一言对话后的内容，如表 2-12 所示。

表 2-12 基础知识水平数据输入格式示例

显性表述	隐性需求	教学建议	优先级
"今天的数学课让我感到很挫败，那些公式和题目我好像总是记不住。"	缺乏自信，需要成就感提升	提供个性化学习路径，设置小目标，每达成一个给予奖励；引入游戏化学习元素，增加学习趣味性	★★★ 长期
"我觉得历史课很有趣，但是每次记年代和事件都很容易混淆。"	需要更好的记忆方法，保持兴趣	使用时间线或思维导图等可视化工具辅助记忆；组织历史角色扮演活动，加深理解	★★ 中期
"我希望有一张'魔法地图'，能帮我快速找到学习中的难点和盲点。"	可视化学习需求，希望快速定位问题	引入学习数据分析工具，生成个性化学习报告；提供一对一辅导，帮助学生精准定位学习问题	★ 紧急
"每次写作文我都很头疼，感觉没有灵感。"	创作灵感缺乏，需要启发	开展创意写作工作坊，提供写作模板和灵感库；鼓励学生阅读广泛，积累素材	★★ 中期

续表

显性表述	隐性需求	教学建议	优先级
"英语发音我一直练不好，感觉很自卑。"	发音技巧提升，需要自信心增强	提供发音训练软件或课程，设置发音挑战任务；组织英语角或配音活动，增加实践机会	★★★ 长期
"我很喜欢科学实验，但是实验报告总是写不好。"	实验报告写作技巧提升	提供实验报告写作模板和指导，强调实验过程和结果分析的重要性；组织实验报告互评活动，学习他人优点	★★ 中期
"我觉得自己的学习方法很笨，总是比别人慢半拍。"	学习方法优化，需要效率提升	教授高效学习策略，如番茄工作法、SQ3R 阅读法等；鼓励学生尝试不同的学习方法，找到最适合自己的	★★★ 长期
"每次考试前我都很紧张，怕考不好。"	考试焦虑，需要心理调适	提供考试焦虑应对策略，如深呼吸、正念冥想等；组织模拟考试和考后复盘，减轻对考试的恐惧感	★ 紧急

三、GAI 辅助的路径规划——"学习规划师"

在教育领域，掌握学习理论强调只要给予足够的时间和适当的教学，几乎所有学生都能掌握所学内容。最近发展区理论指出，学生的发展有两种水平，一是现有水平，二是潜在水平，两者之间的差距就是最近发展区。GAI 通过分析学生作业、测试结果等，精准定位学生的现有水平，同时预测其潜在水平，从而为学生规划出处于最近发展区内的学习任务，让学生在挑战中不断提升。

GAI 可依据学生过往学习数据，判断其对知识的掌握程度，为尚未完全掌握的学生规划额外学习时间和针对性练习，帮助他们达到掌握知识的目标。接下来的内容将具体讲解如何让 GAI 更好地扮演学习规划师角色，帮助教师革新课程设计流程。

（一）多种场景提示词设计

提示词是教师与 GAI 沟通的关键，精准且详细的提示词能够引导 GAI 生成契合教学需求的个性化学习路径。下面从不同教学场景和学科需求出发，提供更为丰富、全面的提示词示例。

1. 新知识学习计划制订

你是一位经验丰富的学习规划师,请依据[学生编号]过往数学、语文、英语学科的课堂表现、单元测验成绩,针对即将开展的[具体新知识内容,如数学的几何图形章节、语文的古诗词单元、英语的新语法模块],制订一份为期两周的学习计划。明确每周预习、课堂学习、课后复习的具体任务,例如预习时需掌握的基础概念、课堂上应参与的互动环节、课后要完成的作业类型和拓展阅读材料。

2. 复习计划规划

你是一位经验丰富的学习规划师,请参考[学生编号]本学期物理、化学、生物的历次考试成绩、实验操作表现以及作业完成质量,为其制订期末考试前一个月的复习计划。将复习内容按周划分,每周明确重点复习章节、需要强化练习的题型,以及每天应投入的复习时间。同时,针对学生的薄弱知识点,推荐相应的复习资料和线上学习资源。

3. 技能提升训练设计

你是一位经验丰富的学习规划师,请根据[学生编号]在语文写作练习中的得分情况、作文批改评语以及日常口语表达表现,为其设计为期三个月的写作与口语表达能力提升训练方案。每月设定不同的训练目标,如第一个月重点提升写作结构的合理性,第二个月强化语言表达的流畅性,第三个月增强口语表达的感染力。每个月详细规划每周的训练任务,包括写作练习题目类型、口语表达训练场景(如演讲、辩论、对话模拟等)。

4. 项目式学习任务安排

你是一位经验丰富的学习规划师,请结合[学生编号]在团队合作项目中的参与度、贡献度以及个人特长(如绘画、编程、数据分析等),为其在即将开展的[具体项目主题,如校园环保调研项目、科技创意产品设计项目]制定个性化任务安排。明确项目启动阶段的资料收集任务、项目执行过程中的具体

课程增效：生成式人工智能打造优质课堂

工作内容（如实地调研、数据分析、产品设计等）以及项目收尾阶段的成果展示任务。同时，为其规划团队协作过程中的沟通方式和时间节点。

5. 个性化辅导方案生成

你是一位经验丰富的学习规划师，请根据 [学生编号] 在历史、地理学科的考试错题分布、课堂提问回答情况以及学习兴趣点，为其制定一份一对一的个性化辅导方案。确定辅导周期（如每周辅导两次，为期一个月），每次辅导明确讲解的知识点、针对错题的专项练习以及拓展性学习内容（如历史故事深入解读、地理现象案例分析等）。并根据学生的学习进度和反馈，制定灵活的调整策略。

通过这些详细且全面的提示词，教师能够更有效地引导 GAI 生成贴合学生实际需求的学习路径，充分发挥 GAI 在教学中的辅助作用。

【操作案例 2-12】GAI 扮演学习规划师

假设一位初中语文教师正在准备散文单元的教学，想要借助 GAI 为学生制定个性化学习路径。教师打开 GAI 平台，开始与 GAI 进行交互。

教师首次输入"请根据我提供的学生语文学习数据，为他们制订散文单元的学习计划，涵盖预习、课堂学习和课后巩固三个阶段"。随后，教师上传了整理好的学生语文学习数据表格，表格包含学生上一单元的阅读理解得分、作文成绩、课堂发言次数以及作业完成情况等信息。

GAI 回复："已接收数据，请您明确一下对不同学习阶段的具体要求，例如预习阶段希望学生达到什么目标，课堂学习重点关注哪些方面。"

教师补充："预习阶段希望学生能熟悉散文基本内容，找出疑难字词；课堂学习重点培养学生对散文情感和写作手法的分析能力；课后巩固要求学生能仿写简单散文。"

GAI 最终回复如图 2-9 所示。

- **对于成绩较好、阅读理解能力较强的学生**：
  - **预习阶段**：自主查阅散文作者的生平及创作背景，对文章进行初步的情感分析，整理出至少三个自己感兴趣的问题。
  - **课堂学习**：参与小组深度讨论，从写作手法、情感表达、文化内涵等多个角度分析散文，代表小组进行发言。
  - **课后巩固**：选择一篇自己喜欢的散文，模仿其写作风格和手法，创作一篇 800 字左右的散文。
- **对于成绩中等、阅读理解能力一般的学生**：
  - **预习阶段**：通读散文，标注出不理解的字词，借助工具书自行解决，总结文章主要内容。
  - **课堂学习**：跟随教师引导，分析散文的情感线索和主要写作手法，参与小组讨论，分享自己的理解。
  - **课后巩固**：以给定的主题，模仿所学散文的结构，创作一篇 500 字左右的散文。
- **对于成绩较差、阅读理解能力较弱的学生**：
  - **预习阶段**：逐句阅读散文，标注并掌握生字词，在家长或同学的帮助下了解文章大意。
  - **课堂学习**：认真听讲，跟随教师的思路分析散文中的重点语句，记录关键知识点。
  - **课后巩固**：选择文中一段自己喜欢的段落，模仿其句式和表达方式，写一段 200 字左右的文字。

图 2-9　GAI 最终回复

（三）策略价值定位

GAI 赋能的路径规划不是取代教师决策，而是将教师从重复性劳动中解放，聚焦创造性设计、情感性互动和战略性思考等更具有价值的教学活动。

1. 创造性设计

在传统教学中，教师常需耗费大量时间于机械性的备课任务，如整理教学资料、编写练习题等，然而，GAI 赋能的路径规划功能能够自动生成基础的教学框架和学习路径，有效减轻教师的这一负担，使他们得以从烦琐的重复性劳动中抽身，将更多精力投入创造性设计中。教师可以充分利用节省下来的时间，紧密结合课程内容与学生的兴趣点，开发出一系列富有创新的教学活动，比如，在历史课上设计角色扮演活动，让学生亲身体验历史人物的角色，通过模拟历史事件中的对话和决策，深化对历史背景和人物性格的理解；在科学课程中，则可以组织学生参与课外科学探究项目，激励学生主动提出研究问题、设计并实施实验方案，以此培养学生的科学探究精神和实践操作能力，这些创新的教学活动不仅极大地激发了学生的学习兴趣，还显著提升了学生的综合素养。

2. 情感性互动

尽管人工智能技术日新月异，但它依然难以捕捉到学生学习过程中那些微妙的情感和心理状态，而教师却能凭借其丰富的教学经验和敏锐的观察力，及时获得学生的学习状态。在课堂上，教师能够通过观察学生的表情、眼神和肢体语言，准确判断学生是否真正理解了教学内容，是否对所学内容感兴趣，一旦发现学生眼神游离、注意力不集中，教师便能迅速调整教学节奏或方法，有效吸引学生的注意力。课后，教师与学生进行一对一的深入交流，细致了解学生在学习过程中遇到的困难和挫折，并给予他们及时的鼓励和支持。这种充满情感的互动极大地增强了师生之间的信任和理解，营造出了积极的学习氛围，有力推动了学生的学习进程。

3. 战略性思考

GAI 系统能够分析学生的学习数据，为教师提供详尽的学生群体学习趋势报告，使教师能够在 GAI 辅助的基础上通过数据进行战略性思考，从而不断优化课程架构。在理解学生在不同知识点上的学习表现后，教师可以精准识别出学生的薄弱环节，并据此对课程内容进行针对性调整。例如，当发现学生在数学函数部分的理解和应用上存在较大困难时，教师便可以在课程中适当增加相关的教学时间和练习量，或者灵活调整教学顺序，将函数部分与其他相关知识点进行有机整合。同时，教师还可以充分考虑学生的学习兴趣和能力水平，开发出多样化的选修课程，以满足不同学生的学习需求，促进学生的个性化成长和发展。

综合案例一——小学科学："物质的状态变化"路径规划

课程标准依据：2022 年版《义务教育科学课程标准》3～4 年级"物质科学"领域——"知道物质在不同条件下可能发生状态变化，能通过观察、实验描述温度对水结冰与融化现象的影响。"

（一）数据输入：学生画像构建

学生编号：001

年龄：10岁（四年级）

注意力时长：15分钟（需多感官刺激维持）

记忆偏好：动觉记忆（偏好动手操作）

学习风格（霍尼-芒福德分类）：行动型：80%（通过实践学习效果最佳），反思型：20%

学习动机（内部动机和外部动机）：内部动机：4分（对实验感兴趣）、外部动机：3分（担心实验失败）

知识水平：前测中能描述冰融化成水，但无法解释温度变化对物质状态的影响（掌握率60%）。薄弱项是抽象概念理解（如"分子运动"）

（二）GAI角色扮演策略实施

Step 1：GAI作为数据分析师

输入提示词："基于001号学生的数据，请作为数据分析师：总结其学习特征标签；预测他在学习'物质状态变化'时可能遇到的两个障碍；按布鲁姆目标分类理论，推荐两个适合其认知水平的高阶目标。"

GAI输出如图2-10所示。

> 1. **特征标签**：动觉主导型学习者、低关联性认知、中等自信心
> 2. **风险预警**：
>   - 障碍1：对抽象概念（分子运动）缺乏直观理解
>   - 障碍2：因关联性感知低导致学习兴趣下降
> 3. **目标建议**：
>   - 应用目标：设计实验验证温度如何影响冰融化速度
>   - 分析目标：比较不同物质（水、巧克力）状态变化条件的差异

图2-10　GAI作为数据分析师的输出结果

Step 2：GAI 作为学生模拟器

输入提示词："请根据刚才你获取的001号学生的数据，扮演学生001，与我进行沟通，让我了解001的学习需求，并将最后的对话总结为洞察结果。"

示例对话：

教师："001，你觉得'物质状态变化'这个单元最难理解的是什么？"

GAI（模拟001）："老师，我不明白为什么冰一定要到0℃才会融化，上次我用手握冰块，它没到0℃也变小了啊！"

教师："你觉得'分子运动'这个概念怎么样？"

GAI（模拟001）："这个词好抽象！要是能让我用积木摆出来分子怎么动就好了……"

关键洞察：

（1）需要具象化分子运动（如用实物模型替代文本描述）

（2）需强化生活关联性（如讨论冰淇淋融化、蜡烛熔化）

Step 3：GAI 作为学习规划师

教师输入提示词："根据001的数据与目标'分析温度对物质状态变化的影响'，请作为学习规划师：按维果茨基最近发展区理论设计3个阶梯任务；任务需包含动手实验与可视化工具；嵌入1个同伴互评环节，并说明评估标准。"

GAI 生成的学习路径如图 2-11 所示。

阶段	目标	推荐资源	评估方式
1	观察现象：描述冰融化的条件	动手实验（冰块、温度计、计时器）	实验记录表（现象描述）
2	具象化理解：模拟分子运动	乐高积木搭建分子模型	模型展示+同伴解释评分
3	迁移应用：对比不同物质变化	对比实验（冰、黄油、蜡块）	实验报告（假设-数据-结论）
差异化支持策略：			
• 脚手架1：为阶段2提供"分子运动动画"作为补充（适配视觉学习者）			
• 脚手架2：在阶段3实验前发放"变量控制提示卡"（提升自信心）			

图 2-11　GAI 生成的学习路径

(三)案例总结

通过 GAI 三重角色协作,教师将抽象科学概念转化为适配动觉学习者的具象任务,解决关联性感知不足的核心矛盾,同时利用阶梯任务和可视化工具突破认知障碍,最终实现课标要求与个性化发展的平衡。

第二章 教学模式选择：GAI 如何辅助教师实践前沿教学理论

本章将详细讨论 GAI 技术如何帮助教师进行备课，我们将结合具体的案例——跨学科主题教学，复杂学习任务的设计，以及项目式教学进行讲解。通过阅读本章，教师能够熟练掌握与 GAI 进行对话的方法，体会如何进行人机协同的教师工作。我们将看到，GAI 并非教师的替代品，而是能力延伸的放大器，它将促使教师的能力运用转移阵地，帮助教师在人机协同中体会教与学的真谛，借助 GAI 的力量，打造更符合时代需求的、面向未来的素养发展型课程。

第一节
认知发展策略与心智模型策略：构建素养发展型课程

GAI 的出现，给教学带来了新的机会，同时也让我们开始思考很多问题。作为老师，我们可能会问：用 GAI 来辅助教学，真的靠谱吗？我还需要做教学设计吗？需要怎么用 GAI？当学生问老师"既然人工智能能把事情做得这么好，我们为什么还要学习？"时我们又该如何应对？

第三章 教学模式选择：GAI 如何辅助教师实践前沿教学理论

本节将讨论上面的问题，并对使用 GAI 辅助教学做出提醒，帮助教师积极地去迎接人和 GAI 一起合作的新教学模式。

一、GAI 赋能教学模式的原则

人工智能技术正在重塑教育行业的创新图景，也引发了教育者的深度思考。首先面临的问题便是：GAI 做教学，靠谱吗？这个问题的答案，不仅关乎技术工具的有效应用，更指向教师专业价值的时代转型——从知识传授者进化为"教育设计师"，从经验执行者转变为"智能协同者"。在技术赋能与人文坚守的辩证关系中，我们得以窥见未来教育的崭新图景。

（一）GAI 做教学靠谱，但需要教师与 GAI 的深度合作

尽管 GAI 在找信息、整理资源、提供个性化学习等方面能力很强——它可以很快地生成初步教学设计方案，帮助批改作业，给出个性化学习建议，甚至可以创建虚拟的实验环境——但是，我们要清楚地认识到，GAI 其实就是一个工具，能不能用好，取决于老师是否深度参与。

GAI 擅长的是分析数据和找到规律，但是它没有老师的教育智慧、情感和价值观。它不太能理解学生学习情况、情绪需求和每个人的特点等微妙的变化，更没办法像老师一样跟学生进行情感交流和引导学生树立正确的价值观。比如，GAI 可以写出一份面面俱到的作文评语，但是很难像老师那样，看到学生写作文时的思考过程和情感，然后给出有人情味的指导。

所以，在使用 GAI 辅助教学的时候，老师不能觉得有了 GAI 就可以什么都不管了，期待 GAI 可以"一次性搞定"所有的教学方案。相反，老师需要主动参与到 GAI 辅助教学的流程中，发挥自己独特的专业优势，和 GAI 密切协作，只有这样，才能真正把 GAI 的能力变成提高教学质量的动力。

（二）GAI 在代替教师或者削弱教师地位吗

没有，只是教师的能力运用在转移阵地。在以往的教学设计中，首先要求

教师在脑海中有灵感，然后在脑海中验证其可行性，进而通过智力劳动将其转化为可实施的教学设计，并且在这一过程中还伴随着不断的修改和检验，由此会耗费教师大量的脑力活动。

而有了 GAI 的辅助，在教学设计时只需要教师在脑海中有灵感，接着可以"口水话"式的表述、零碎的语言去指导 AI 如何改进（目前 GAI 已经具备相当强大的理解自然语言能力），就能将灵感快速地落地成可实施的教学设计。所以，在人和 GAI 协同教学的模式下，老师的经验会变得更有价值。老师的教学经验、教育直觉、学科专业知识是 GAI 不能替代的。老师需要用这些宝贵经验，指导 GAI 的回答方向，确保 GAI 的应用真正对教学有帮助，促进学生发展。

可以看到，教师认知活动的努力程度下降，因为 GAI 可以帮助教师更快地获取信息、组织思路和解决问题。但批判性思维仍然没有减少，GAI 给出的教学方案是否切实可行，十分依赖于教师对 GAI 的指导。在人机协同工作的过程中，教师的批判性思维持续发挥作用，教育智慧的火花持续闪烁。就像"能力放大器"一样，GAI 的作用是放大老师的优点，增强老师的能力，让老师有更强的信息处理能力、资源整合能力和个性化教学支持能力，从而能够更高效、更优质地完成教学任务，实现专业发展和能力提升。

（三）构建素养发展型的课程

GAI 技术发展很快，不仅改变了教学工具，也深深地影响着教育的理念和人才培养模式。在 GAI 时代，获取知识的途径更容易了，机器在一些知识性的任务上甚至比人做得更好。传统的"填鸭式"教学，就是老师单方面讲知识，学生被动地记住知识，这种教学模式已经不能适应时代发展的需要了，其问题愈发明显，比如：

- 忽视学生的主动性和个人差异。用一样的教学内容和评价标准，很难满足不同学生的学习需求和发展潜力。
- 重视知识的机械记忆，不重视理解和运用。学生学习时死记硬背知识，不太会深入理解知识，也不太会灵活运用知识。

- 和现在社会的发展和人才需求脱节。培养的学生常常缺少解决复杂问题、应对实际挑战的能力，很难适应快速变化的社会。
- 学生在面对复杂挑战时，能力不足。在需要创造性思维、批判性思维和合作能力来解决复杂问题的时候，传统教学模式培养的学生常常会觉得力不从心。

当机器可以高效地完成大量重复性、知识性的工作时，社会对人才的需求也发生了根本性的变化，仅仅掌握知识和技能，已经不足以在未来的社会立足。过去的学习是为了掌握知识和技能，找到工作进而获得报酬，在社会上生活。然而，现在机器很多时候能够更好地完成任务，学生一定会向老师发问"既然人工智能能把事情做得这么好，我们为什么还要学习？"。

不难看出，现在教育的重点已经从"学生学什么？"向"为什么学"转变。在此背景下，美国课程重构中心（CCR）认为，教育者需要重新思考教育的目标，强调培养学生的批判性思维、创造力、情感智能和道德判断等人类独有的能力——这些能力是人工智能无法轻易复制的，也是学生在未来社会中立足的关键。要想让学生充分地理解"人具备哪些人工智能所不具备的能力"，那么教师就必须在和 GAI 的协同工作中体会到独属于人的能力的运用，才能在学生问出"为什么学习？"时充满底气，而不是回答"因为考试要考"。

构建素养发展型课程，成为新时代教育的必然选择。教育的重点必须从传统的教知识转变为培养学生的综合能力。我们需要重新思考"教"和"学"的意义，把教学目标放在培养学生的关键素养上。而认知发展策略和心智模型策略，正是构建素养发展型课程的重要理论基础，它们从不同的角度揭示了学生的学习规律和认知发展规律，为我们设计更有效的素养发展型课程提供了理论指导。接下来，我们就深入了解这两种策略，并讨论如何借助 GAI 的力量运用它们，打造更符合时代需求的、面向未来的素养发展型课程。

二、认知发展策略说明

认知发展是指个体在思维、推理、问题解决和决策等方面能力的逐步提升过程，涉及记忆、注意力、语言等多个方面的发展[1]。认知发展策略的基于认知发展心理学理论，比如，皮亚杰的认知发展阶段理论认为儿童从出生到成年期认知能力需要经历四个阶段，分别是感知运动期（0~2岁）、前运算期（2~7岁）、具体运算期（7~11岁）和形式运算期（11岁以上）；维果茨基的社会文化理论则强调社会互动对于认知发展的重要性，特别是最近发展区的概念，以及语言和符号系统作为思维工具对高级心理功能的影响；而信息处理理论提供了关于注意力、记忆策略和问题解决能力发展的解释，指出随着年龄的增长，选择性注意、持续注意时间、复述和组织策略的使用均有所提升，同时元认知能力和解决问题的灵活性也得到增强。这些理论认为，学生的认知发展是一个逐步发展、主动构建的过程，受到个体自身的认知结构和外部的社会文化环境的共同影响。

（一）基于年龄段的认知发展策略

基于年龄段的认知发展教育策略（如表3-1所示）综合皮亚杰的认知发展阶段理论与维果茨基的最近发展区理论，提出针对特定年龄段认知特点设计的教育方法和手段，才能有效地发展学生的各项能力和素养。

表 3-1　皮亚杰的认知发展阶段理论

阶段	特点	策略
感知运动期（0~2岁）	通过感官和动作认识世界 发展对象永久性概念	提供丰富的感官刺激和探索机会
前运算期（2~7岁）	符号思维能力发展 自我中心思维显著	鼓励角色扮演和想象性游戏
具体运算期（7~11岁）	逻辑思维能力提升 可进行简单分类和序列化	提供具体操作和实验机会
形式运算期（11岁以上）	抽象思维能力形成 能进行假设演绎推理	鼓励批判性思考和问题解决

---

[1] KÁLÓZI-SZABÓ C, MOHAI K, COTTINI M. Employing Robotics in Education to Enhance Cognitive Development—A Pilot Study[J]. Sustainability, 2022: 15951.

GAI 可以通过智能测评、学习行为分析等方式，辅助教师初步了解学生的认知发展阶段特征，为分阶段教学提供参考（需要强调的是，GAI 评估仅为辅助，教师的专业判断依然至关重要，避免过度依赖 GAI 的标签化判断）。GAI 进而可以根据不同认知发展阶段的特点，辅助教师快速生成与之匹配的教学资源。

（二）基于最近发展区的认知发展策略

维果茨基在其文化历史发展心理学理论中，提出了"最近发展区"（Zone of Proximal Development，ZPD）的概念，指"学习者当前实际发展水平与在他人帮助下可能达到的潜在发展水平之间的差距"，换成常用的话就是"让学生跳一跳，够得着"。由此衍生出了"支架式教学"，是指教师或其他更有经验的学习伙伴，依据学习者当前的发展水平与需求，提供恰到好处的外部支持（脚手架），并在学习者能力提高的过程中逐步减少、撤除这种支持，最终使学习者能够独立完成具有挑战性的任务[①]。

GAI 可以结合学生的现有知识水平和认知能力，辅助教师设计具有适当挑战性的任务，并根据学生在任务中的表现，动态调整任务难度和支架类型，真正实现维果茨基最近发展区理论的教学应用。比如，当学生独自面临复杂问题时，能够直接获得参考的资料只有答案，通过查答案来反推复杂问题如何解决对学生的帮助并不大。而 GAI 可以在分析题目后，逐步提供提示、线索、分解步骤等支架，帮助学生在"脚手架"的辅助下，最终独立完成任务，学生经历了这样的思考过程，在以后面对类似复杂问题时能够更加得心应手。

更为复杂的应用需要信息技术的支持，包括语音识别、面部表情识别、脑电传感、大数据与学习分析技术等，进行多方面的数据收集，以实现对学生情感与认知状态变化的追踪，从而能更及时、精确地了解学生的学习过程、动态调整教学支架。我们已经看到有不少这方面的尝试，未来"支架式教学"在促进公平、高效和个性化的学习环境构建中，必将持续发挥至关重要的作用，为不同年龄段和背景的学习者提供更为丰富且多元、更为精细且精准、更富启

[①] 王文静. 维果茨基"最近发展区"理论对我国教学改革的启示 [J]. 心理学探新, 2000, (02):17-20.

发性的学习支持。

（三）基于多元智能理论的认知发展策略

同样基于认知发展理论，霍华德·加德纳提出的多元智能理论中的 8 种智能类型充分看到了学生的个体差异和全面发展的总体方向，要求教学中有针对学生的个性化学习方案设计、多样化教学方法，着重培养学生多方面技能以达成全面发展。

在班级授课之下由教师布置整个班级学生的学习内容，为了尽可能适配不同层次学生的发展，分层作业的形式被提出。但教师的精力有限，往往只能设计至多三个层次的学习任务或内容。GAI 在多元智能理论的教学实践中可以通过测评工具、学习行为数据分析等，辅助教师初步了解学生的多元智能优势倾向，为教师提供因材施教的参考。进而提供定制化学习路径与内容推荐，比如对于语言智能突出的学生，可以推荐更多的阅读和写作任务；对于空间智能突出的学生，可以提供更多的图形化、空间化的学习资源。随着 GAI 技术的发展，它已经能越来越成熟地为学习特征不同的学生提供不同的教学资源和学习任务。

三、心智模型策略说明

心智模型是个体对某一概念或现象的内部表征，是认知结构的一部分。在教育领域，心智模型被视为"学习者头脑中的内容"[1]，可以用来指导深度学习，教学应该关注学生心智模型的构建和优化，帮助学生对知识有更深入的理解，并且能够把知识灵活运用到新的情境中。

（一）诺曼的心智模型

诺曼认为我们每个人头脑中都有一个关于世界的"心智模型"，但它并不是完美的，更像是一个草图，学生对知识的理解在一开始是不准确的、不一致

---

[1] LI S, CHUA C, CAMPO J, et al. Mental models and engineering education: a literature review[J]. Proceedings of the Canadian Engineering Education Association (CEEA), 2022.

的，需要在学习的过程中持续修改，并且在解决复杂问题时功能有限[①]。而由科学家、教师等专家构建的概念模型具有准确性、一致性、完整性，我们可以通过提炼专家的"心智模型"，将其设定为"概念模型"，在教学中指导学生不断修正、完善自己的心智模型，使其越来越接近我们老师所期望的诺曼心智模型，如图 3-1 所示。

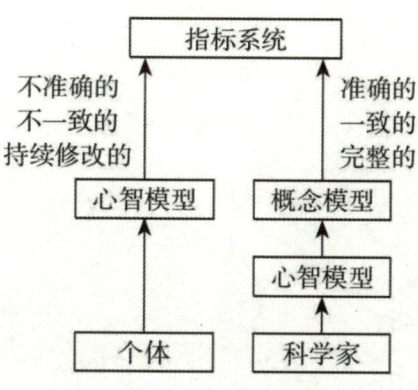

图 3-1　诺曼心智模型

结合 GAI 可以分析学科专家的知识体系、思维方式、解题策略，提炼出"专家概念模型"，识别专家与初学者在心智模型上的差异；帮助教师优化教学内容和组织结构，并引导学生逐步逼近专家水平的心智模型。我们常常说"知道怎么做很重要，但知道为什么这么做更重要"。在教学中体现为学生相比于掌握做题的步骤，更为重要的是要明白为什么一道题要这样去思考。这样的针对性的教学指导，在班级授课制下往往是不现实的，只能依靠 1 对 1 的教学。而现在，结合有深度推理功能的 GAI 模型（如 DeepSeek-R1 模型），通过指导学生深入地阅读 GAI 的推理过程，再和 GAI 进行有针对性的提问互动，能使学生的思考方式逼近专家水平。

---

① 张丙香，毕华林. 中学生科学概念心智模型的理论研究综述 [J]. 化学教学，2017(10)：6-11.

(二)巴克雷心智模型

巴克雷更侧重于说明心智模型是如何动态构建和变化的,他认为学生构建心智模型是一个循环往复的过程,包含形成、强化、修正、废除四个方面[①]。学生心智模型的修正和完善过程中评估和反馈对于学生心智模型至关重要,而"上位模型"对学生心智模型的形成有积极的影响,包括良好的学习环境和支持系统,如图 3-2 所示。

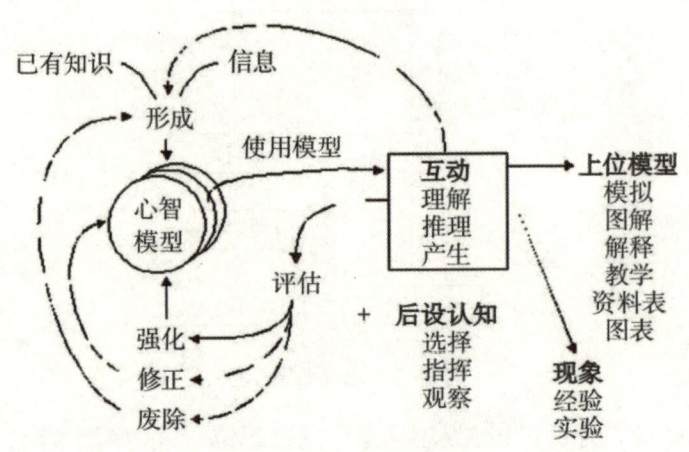

图 3-2　巴克雷心智模型

结合 GAI 技术为学生提供即时的问题解答、学习指导和反馈,模拟导师的角色,与学生进行对话式互动,帮助学生快速评估自己的心智模型是否有效,并及时进行"修正"。同时 GAI 可以构建更具吸引力、互动性和情境化的学习体验,模拟真实世界的问题情境,为学生心智模型的形成提供更积极的"软环境"。

四、使用 GAI 辅助的教学提醒

虽然 GAI 辅助教学有很多好处,但是在实际使用中,老师也容易走进一些误区。了解这些误区,并且掌握应对的方法,才能更好地发挥 GAI 的价值,

---

① 张丙香,毕华林. 中学生科学概念心智模型的理论研究综述 [J]. 化学教学,2017(10): 6-11.

避免"好心办坏事"。

（一）误区一：期望一次性完美结果

有些老师可能对 GAI 的能力期望过高，觉得只要简单输入指令，GAI 就能"一次性搞定"完美的教学设计方案，可以直接拿来用，看到回复后又产生巨大的失望，随后放弃使用 GAI，认为 GAI 不过如此。但是，就像前面说的，GAI 不是万能的，它需要老师的专业指导和持续的调整优化。人类完成一个任务，尚且需要思考任务、做出解读，再拟定计划、查阅资料、不断修改，期望 GAI 能一次性给出完美结果，就和期望一个人能一次性地、一字不改地写出一篇好文章一样无意义。

（二）误区二：GAI 幻觉现象

"GAI 幻觉"是指 GAI 在生成内容时，可能会出现编造的、不准确或者和事实不符的信息。因为 GAI 的本质是根据概率来预测和生成内容，而不是真正地理解和推理，所以不管多厉害的 GAI 都不能完全避免"幻觉"现象。如果老师忽略"GAI 幻觉"的风险，直接用 GAI 生成的内容，可能会误导学生，影响教学的准确性和严谨性。与美国华盛顿州出版的 *Human-Centered AI: Guidance for K-12 Public Schools* 中强调的一样，以人为本的人工智能学习环境，永远优先考虑学生、教师和管理人员的需求、能力和经验，始终以人工输入和探究开始、以人工反思和编辑结束。AI 被视为支持工具来处理、生成或分析信息，而不是替代人类判断和决策的方式。

为了避免走进误区，高效地利用 GAI 辅助教学设计，教师应当遵循三个步骤，把人和 GAI 协同合作的优势发挥到最大。

1. 明确目标

在开始用 GAI 辅助教学设计之前，教师首先要深入地思考和明确自己的需求——想清楚这次教学活动的核心目标是什么，希望通过教学培养学生的哪些核心素养。把这些教学目标变得更细致、更具体，形成清晰的任务指令，才能给 GAI 提供明确的工作方向。

2. 检查回复

当 GAI 生成回复后，教师需要进行检查和评估，而不是直接拿来用。从内容是不是准确、是不是符合教学目标、是不是适合学生的情况、教学情境是不是可行等多个方面来检查验证，判断哪些信息是有价值的，哪些信息可能不太好，该如何改进。

3. 整合回复

GAI 的回复只是初步的方案或者素材，教师需要结合自己的专业经验和教学智慧，进行整理、修改和优化，才能形成最终的教学设计。在实际教学过程中，教师还可以根据学生的反馈和教学效果，不断地调整和优化教学设计，让教学质量不断提高。

第二节
整合跨学科主题：
整合多学科知识能力，培养综合能力

跨学科主题教学的核心特征是跨越单一学科围绕一个主题，进行教学设计和实施，通过不同学科视角综合处理同一问题，形成多角度的理解。广义上，只要用到了不同学科的知识去解决问题，就叫作跨学科学习。因此下一节内容中的项目式教学，其实也属于跨学科，但这里我们做出一个区分：跨学科主题教学更侧重于学科整合；而项目式教学更侧重于对一个问题的持续探究，并生成项目成果[①]。

学生最终会走向社会面对各种问题，而真实世界中的问题几乎不可能是用单一学科知识能够解决的，世界本就是普遍联系着的，这就要求了必须进行跨

---

① 夏雪梅. 跨学科项目化学习：内涵、设计逻辑与实践原型[J]. 课程．教材．教法，2022, 42(10): 78-84.

学科主题教学，培养学生解决复杂问题的能力，也可以说是对真实生活的回归。我们不能期待学生只经历分科教学，就自然而然地掌握熟练运用多学科知识的能力，不是没有可能，而是教师应该更积极主动地去培养。

在第一节中我们谈到，在人工智能时代背景下，学生应该为了人类独有的能力而学习，如批判性思维、创造力、情感智能和道德判断等，学生只有具备人工智能所不具备的能力，才能在未来的社会中立足。而跨学科主题教学正是培养学生素养的关键方向，用不同学科视角综合处理同一问题正是人类批判性思维、创造力的体现，学生在处理真实问题时迸发的想法正是智慧的火花闪烁。

一、设计跨学科主题学习时面临的困难

从实践层面来看，跨学科主题教学的困难在环境上包括课时有限、实施材料不足等，本节仅聚焦教师在设计时的困难进行讨论。

（一）教师个体掌握的学科知识有限

没有人能够非常深入地掌握多学科的知识，教师能够对一个学科做专业性的深入研究就已经很好了。传统的跨学科主题教学设计，要么依赖于个体教师的强大能力，对多学科的知识有充分的掌握，而这样的通才型教师往往少见；要么依赖于多个教师的协作，尽管多个专业教师进行协作能够很好地对某一问题给出专业性的见解，但多个教师之间相互并不理解对方所拥有的专业性知识，往往会导致沟通效率低下，协作成果不佳。

而得益于 GAI 海量的数据训练，单科教师在设计跨学科教学时，由于不熟悉其他学科知识的局限能够被弥补，短时间内对于其他学科的特定知识能做到精通并应用于教学。只要想学，就一定能学会，这在人工智能时代将不是一句空话，只要愿意问、多次问，一定能通过 GAI 掌握知识，而这恰恰是批判性思维、个体能动性、目标感的体现，教师只有通过深入的人机协作，才能在学生问出人工智能相关问题时拥有足够的回答底气。

课程增效：生成式人工智能打造优质课堂

跨学科团队协作不畅多半因为教师相互之间没有形成真正的教学共同体，不同教师对彼此科目的了解程度不佳①。有了自主学习的基础，学科老师进行合作时才能更加高效，收获更大。

（二）主题选取困难

要想跨学科主题教学实施得好，需要明确能够跨学科的真实问题、明确地规划各个学科知识和核心素养如何参与教学、明确不同知识如何相互关联并最终形成整合性理解②。要同时满足三个要求的主题选取往往很困难，教师要么明确了哪些学科进行组合，但不清楚选择什么主题，要么明确了一个主题，但不清楚应该如何联系具体的学科知识，并有机联系起来，或者某一个问题并不支持学生的持续探究。

其实，主题选取困难与前面提到的教师个体掌握知识有限也有关联，而 GAI 的应用恰好弥补了这一难点，改变了跨学科教学设计的方式：从传统的较依赖于个人能力与知识积累进行教学设计，变为 GAI 给出大量选题，再由教师筛选、针对性学习特定学科知识，最后进行教学设计。这无疑大大减轻了教师的工作难度。

总的来说，教师利用 GAI 来解决跨学科主题教学设计的困难，最重要、最首要的任务是先把涉及的其他学科知识、核心素养搞清楚，才能在教学中合理、有效地安排跨学科内容。

二、GAI 辅助的跨学科主题教学设计

前面讨论了仅依靠教师自身进行跨学科主题教学设计的困难，下面将讨论如何利用 GAI 辅助教师进行教学设计。

---

① 任学宝. 跨学科主题教学的内涵、困境与突破[J]. 课程, 2022, 42(4): 59-64, 72.
② 夏雪梅. 跨学科项目化学习：内涵、设计逻辑与实践原型[J]. 课程. 教材. 教法, 2022, 42(10): 78-84.

【操作案例 3-1】跨学科主题教学的选题

选题的核心准则是主题统领、聚焦核心素养[①]。要实现有意义的跨学科，不是为了跨学科而跨学科，就必然需要主题统领跨学科的教学，有一个支持学生深入持续学习的主题才能将不同学科的知识有机地联系起来。主题选取需要来自真实的跨学科需求，这样才能有助于培养学生面向未来的能力和素养。而要想使跨学科主题教学能够有效地实施，教学中能落实到学生的培养，需要回到学科的立场，从不同学科所强调的核心素养出发，把每个学科的本质真切地体现出来。

根据上面的分析，我们向 GAI 进行提问：

无特定范围的提示词：

"我需要为【学段】学生设计一堂跨学科主题教学，给我 5 个主题的选项。要求：
1）主题的选取需要来自真实生活中的问题且支持学生用不同学科的知识持续探究
2）涉及的科目是……
3）符合【学段】学生的认知和知识水平
4）明确不同学科知识如何具体地和跨学科主题结合，并给出简要的实施路径"

DeepSeek-R1 的回复如图 3-3 所示。

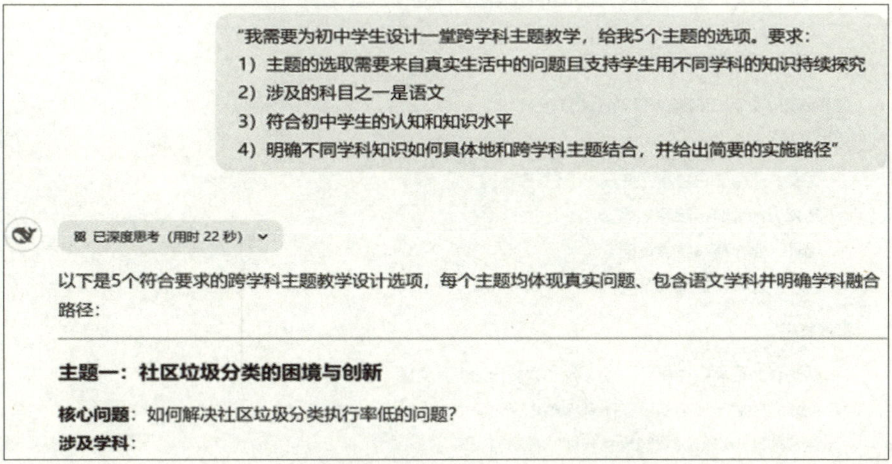

图 3-3　DeepSeek-R1 的回复（部分）

[①] 李洪修，崔亚雪. 跨学科教学的要素分析、问题审视与优化路径[J]. 课程，2023，43(1)：74-81.

- **语文**：撰写调查报告/倡议书/辩论稿
- **科学**：垃圾降解周期、生态影响分析
- **数学**：分类数据统计与可视化
- **美术**：设计分类标识与宣传海报

实施路径：

1. 语文：学习实用文体写作，采访居民形成调查报告
2. 科学：实验对比不同垃圾的降解速度，制作科普视频
3. 数学：统计班级家庭分类准确率，绘制动态折线图
4. 美术：设计具有地方文化特色的分类标识系统
5. 成果：向社区提交《青少年视角的垃圾分类解决方案》

主题二：短视频对青少年表达的塑造

核心问题：短视频如何影响我们的语言表达方式？

涉及学科：

- **语文**：分析网络流行语的语言特征
- **信息技术**：研究推荐算法机制
- **心理健康**：探究注意力碎片化影响
- **道德与法治**：讨论网络信息伦理

实施路径：

1. 语文：对比传统诗歌与短视频文案的修辞手法
2. 信息技术：用流程图解析短视频推送机制
3. 心理健康：设计"24小时无短视频"实验记录表
4. 跨学科辩论：举办"短视频是否削弱深度思考"辩论赛

主题三：消失的本地传统节日

核心问题：如何让传统节日融入现代生活？

涉及学科：

- **语文**：采写节日故事/创作现代版节日传说
- **历史**：考证节日起源与演变
- **地理**：制作节日饮食地图
- **美术**：设计节日文创产品

实施路径：

1. 采访长辈记录口述史，整理《我们的节日记忆》文集
2. 用时间轴展示某个节日千年来的形态变化
3. 结合地理知识分析节日食品与地域物产的关系
4. 举办"传统节日新过法"创意市集

图 3-3　DeepSeek-R1 的回复（部分）（续）

有特定范围的提示词：

"我需要为【学段】学生设计一堂跨学科主题教学，上传的文件是××学科的目录，请从目录涉及的知识点中找到适合设计成跨学科主题教学的结合点，给我5个备选主题。要求××和××学科知识如何具体地和跨学科主题结合，并给出简要的实施路径"

"我需要为【学段】学生设计一堂跨学科主题教学，主题的大致方向是……，涉及的学科有……，给我5个备选主题。要求：符合【学段】学生的认知和知识水平；明确不同学科知识如何具体地和跨学科主题结合，并给出简要的实施路径"

通义千问的回复（部分）如图3-4所示。

图3-4　通义千问的回复（部分）

课程增效：生成式人工智能打造优质课堂

> ii. 进行相关的物理实验，比如风洞测试纸飞机的设计。
> iii. 讨论科技进步如何改变了战争的形式。
>
> 4. 航海技术与地理发现
> - **结合点**：第15课探寻新航路与天文学、导航技术。
> - **结合方式**：
>   ○ **历史学科**：考察大航海时代探险家使用的导航工具和技术⑦
>   ○ **物理学科**：解释地球自转、公转的概念，以及六分仪、星盘等仪器的工作原理④
> - **实施路径**：
>   i. 回顾哥伦布、麦哲伦等人的航行故事。
>   ii. 教授学生制作简易的星盘，并尝试用它来确定方位。
>   iii. 开展户外活动，利用自制工具进行实际观测。

图 3-4　通义千问的回复（部分）（续）

【操作案例 3-2】教学过程设计

在 GAI 给出大量选题之后，教师筛选出可实施性大的主题进行教学过程的细化。在利用 GAI 进行教学设计时要注意明确要求，体现各自学科的核心素养，以及不同学科围绕主题的相互关联性。

提示词设计：

"请根据以上的跨学科主题教学设计，设计一个教学活动，以达成对不同学科的整合性理解，要求：1) 给出具体的活动方案；2) 不同学科知识的结合方向。"

DeepSeek-R1 的回复如图 3-5 所示。

> 请根据以上的跨学科主题教学设计，设计一个教学活动，以达成对不同学科的整合性理解，要求：
> 1) 给出具体的活动方案；2) 不同学科知识的结合方向。
>
> 🅥 已深度思考（用时 25 秒）∨
>
> **跨学科整合教学活动设计：蒸汽机改良工程挑战**
> **活动名称**："效率革命：从纽科门到瓦特的科学与历史抉择"

图 3-5　DeepSeek-R1 的回复

学科整合方向：

- 历史：工业革命中蒸汽机技术迭代的社会驱动力与制约因素。
- 物理：热力学第一定律的应用与机械效率提升的工程逻辑。

核心素养整合目标：

学科	核心素养	活动中的体现
历史	唯物史观、史料实证、历史解释	分析技术改进与社会需求的互动关系，基于文献论证技术变革的必然性。
物理	科学思维、科学探究、科学态度	通过实验优化蒸汽机模型，定量分析效率提升的物理原理。

活动方案

1. 活动准备（10分钟）

- 材料工具：
  - 历史组：18世纪英国煤矿开采量数据表、纽科门蒸汽机结构图、瓦特改良蒸汽机专利说明书片段。
  - 物理组：简易蒸汽机模型（酒精灯+铜管+活塞装置）、温度传感器、扭矩测量仪、热值计算表。
- 分组安排：4-5人/组，每组包含历史研究员（2人）与物理工程师（2-3人）。

2. 活动流程

阶段一：历史背景分析与技术需求定义（15分钟）

- 任务1：历史研究员
  1. 分析1780年英国煤矿开采报告（史料1）：
     - 问题：矿井深度增加导致排水困难，纽科门蒸汽机效率低下（燃煤成本占利润70%）。
  2. 阅读瓦特书信（史料2）："分离冷凝器可避免气缸反复冷却，减少热量浪费。"
     - 产出：提炼技术痛点（燃料成本高、效率低）与社会需求（矿业扩张需要高效动力）。

阶段二：物理原理建模与效率优化实验（25分钟）

- 任务2：物理工程师
  1. 实验对比：
     - 操作原始模型（模拟纽科门蒸汽机）：加热铜管→推动活塞→自然冷却复位，记录温度变化（Q_1）、活塞做功（W）。
     - 改进模型（模拟瓦特蒸汽机）：增加冷凝器（外置冷水循环），重复实验。
  2. 效率计算：
     - 公式：$\eta = \frac{W}{Q_1} \times 100\%$（$Q_1$通过酒精燃烧热值计算）。
     - 对比两组数据，验证冷凝器对减少Q_2（废热）的作用。

阶段三：跨学科决策答辩（20分钟）

- 任务3：联合汇报

图3-5　DeepSeek-R1的回复（续）

1. **历史-物理关联陈述：**
   - 历史组：解释煤矿业危机如何逼倒蒸汽机革新，引用瓦特专利说明书中"节约75%燃料"的记载。
   - 物理组：展示实验数据，证明冷凝器使效率从1%提升至5%，对应燃煤成本下降60%。
2. **技术伦理讨论：**
   - 矛盾点：效率提升依赖煤炭消耗激增，引发环境污染（结合伦敦雾霾史料）。
   - 问题：是否值得为生产力进步牺牲环境？提出19世纪与21世纪的不同解决方案。

3. **评价标准**

维度	历史学科（40分）	物理学科（40分）	跨学科整合（20分）
优秀（90-100）	精准定位技术变革的历史动因，文献引用充分	实验数据精确，公式推导严谨，能解释效率提升的物理本质	逻辑贯通技术需求与科学原理，提出创新性伦理反思
合格（60-80）	基本描述历史背景，但因果链不完整	完成实验但误差较大，公式应用正确	能结合学科知识但缺乏深度关联

学科知识结合方向

1. **因果关联：**
   - 历史→物理：煤矿业扩张导致纽科门蒸汽机效率不足（历史问题）→ 瓦特通过分离冷凝器减少热量浪费（物理解决方案）。
   - 物理→历史：效率提升降低燃煤成本（物理结果）→ 蒸汽机普及推动工厂脱离水力限制（历史影响）。
2. **方法论互补：**
   - 历史实证（文献分析）为物理实验提供真实问题场景；
   - 物理建模（效率计算）为历史解释提供量化证据。
3. **伦理冲突整合：**
   - 从历史视角看技术进步的"双刃剑"效应（生产力提升 vs 工人剥削）；
   - 从物理视角看能源转化的不可逆代价（热力学第二定律隐含的环境熵增）。

活动延伸

- 文科生任务：撰写《一封19世纪工程师的日记》，结合历史场景与物理知识描述改良蒸汽机的困境。
- 理科生任务：设计"21世纪蒸汽机"方案，用可再生能源（如太阳能集热）替代燃煤，计算理论效率并对比历史数据。

设计亮点：通过角色分工、实验对比与伦理思辨，实现"历史需求驱动物理创新，物理成果反哺历史叙事"的双向闭环，真正打破学科壁垒。

图 3-5　DeepSeek-R1 的回复（续）

可以看到 DeepSeek-R1 的回复质量很高，但仍然不建议教师直接使用，更加推荐的做法是以 GAI 的回复为依据，再次对教学环节做出符合实际教学的调整和改进，然后将调整过的教学环节再次发给 GAI，让其做出针对性的教学设计。

【操作案例 3-3】整合性理解活动设计

要让跨学科教学真正的落实，让不同学科的知识真实的产生联系，而不是仅仅用到了某学科的知识，就需要一个活动将让不同学科间的知识联系起来，产生整合性的理解，真正实现不同学科间的融合和应用。常见活动形式有主题讨论、辩论赛、调研活动等，但需要注意在实施过程中，要给学生下达一定的标准，要求学生利用不同学科的知识完成这项活动，促使学生从不同角度进行思考。

提示词设计：

"请根据以上跨学科主题教学设计，设计一个教学总结环节，对不同学科的整合性理解，给我 5 个备选项。要求：1）给出具体的活动方案；2）不同学科知识的结合方向。"

DeepSeek-R1 的回复如图 3-6 所示。

图 3-6　DeepSeek-R1 的回复

结合方向:

- 物理技术细节直接支撑历史生产力变革的解释
- 能量转化效率数值与经济增长数据的量化关联

选项2：技术伦理辩论——效率追求的双刃剑

活动方案：

1. 播放19世纪伦敦雾霾版画与煤矿童工照片，抛出辩题：
   "蒸汽机效率提升是否必然伴随伦理代价？"
2. 分组从两学科角度举证：
   - 物理组：用热力学公式证明更高效率减少燃料消耗（$Q_1 \downarrow$）
   - 历史组：分析效率提升反而刺激煤炭需求（杰文斯悖论）

结合方向:

- 热力学数学模型与经济社会规律的矛盾性关联
- 工程技术优化与生态伦理的辩证关系

选项3：时空数据可视化——效率曲线与工业扩散

活动方案：

1. 提供双轴折线图模板：
   - X轴：时间（1700-1850）
   - Y轴1（左）：蒸汽机热效率（1%-8%）
   - Y轴2（右）：英国生铁产量（千吨）
2. 学生标注关键事件：
   - 1769年瓦特专利→热效率跃升点
   - 1779年焦炭炼铁法→生铁产量拐点

结合方向:

- 热效率突破对重工业产能的杠杆效应
- 物理参数变化驱动历史时空格局演变

选项4：技术决策模拟——工程师与资本家的对话

活动方案：

1. 角色卡分配：
   - A组：工程师（需用热力学公式论证冷凝器改造的必要性）
   - B组：工厂主（需用历史数据计算设备更新成本与回报周期）

图 3-6　DeepSeek-R1 的回复（续）

> 2. 模拟1784年伯明翰工厂会议场景，双方用学科语言争取决策支持
>
> **结合方向**：
> - 物理原理向经济决策的转化逻辑
> - 历史情境中的跨学科问题解决思维
>
> **选项5：文明进程坐标系——中国技术追赶的再反思**
>
> **活动方案**：
> 1. 对比两组数据：
>   - 英国：1765-1800年蒸汽机专利数 vs 纺织业出口增长率
>   - 中国：1865-1895年江南制造总局蒸汽机引进数量 vs 民族资本占比
> 2. 分组讨论：
>   - 从热力学角度分析晚清仿制蒸汽机的效率瓶颈
>   - 从历史视角解读"技术移植"与"本土创新"的关系
>
> **结合方向**：
> - 能量转化效率的技术差距对国家工业化的制约
> - 物理知识体系完备性与产业革命条件的深层关联
>
> **设计说明**
>
> 每个选项均通过 **问题链锚点**（如效率数值、时空坐标、伦理冲突）实现学科深度咬合，避免简单并列。建议根据学生思维水平选择：
> - **基础班**：选项1（可视化构建）→选项3（数据验证）
> - **进阶班**：选项2（辩证思考）→选项4（实践迁移）
> - **人文特色班**：选项5（文明比较）
>
> 总结环节建议控制在8-12分钟，突出"技术原理-历史影响"的因果链条重构。

图 3-6　DeepSeek-R1 的回复（续）

（四）其他学科知识的讲解

之前谈到个体教师的知识有限，难以全面地把握跨学科的教学，利用 GAI 进行多次询问，能够达到对其他学科的特定知识的初步理解，在此基础之上再和其他学科的老师进行讨论，能够提高教师协作的效率和质量。这里我们回到

课程增效：生成式人工智能打造优质课堂

教学上来，即使老师通过 GAI 和各种资料对其他学科的知识有了充分的理解，但距离教学实施还有一定的困难。因此我们同样可以利用 GAI，让其给出更加具体的教学实施步骤。

对 GAI 进行提问："针对 ×× 部分请给出具体的教学实施步骤，包括逐步的引导性问题以及对应的讲解文稿。"

综合案例二——文理交融理解"第一次工业革命"

（一）选题分析

根据历史学科课标后的跨学科实施建议，以及在图 3-5 中 DeepSeek-R1 的回复，我认为第一次工业革命的确是一个非常合适的物理与历史学科的结合点。考虑到实际教学，在历史学科的讲授中对于蒸汽机的工作原理涉及较少，学生不能充分地理解"蒸汽机"与水力在效率上的明显区别，从而不能体会到科技创新对于生产力的极大提升所起到的重要作用。同时，考虑到九年级上学期，学生已经具备"压力、压强、机械效率、物态变化、比热容"等物理知识，于是将主题确定为第一次工业革命。

（二）教学过程修改

在图 3-6 所示 DeepSeek-R1 的回复中有不少点是值得借鉴的，比如历史情景的引入、技术伦理的辩论，以及通过"技术与社会"将物理和历史学科联系起来。但不足在于没有把蒸汽机的演变详细地展开，且有部分物理知识超出了初中物理的范围，历史部分也和课本结合得不够紧密，因此做出了如图 3-7 所示的修改。

教学环节以历史课本上的小标题作为历史线，将蒸汽机的沿革部分作为物理线，用于展开对蒸汽机原理的讲解。在最后的综合讨论部分核心问题是科技进步与社会生产的关系、工业革命的利与弊，这一部分的讨论达成了对历史和物理学科的整合性理解。通过不同学科的学习，支持学生从不同视角去看待工业革命的利弊[①]。

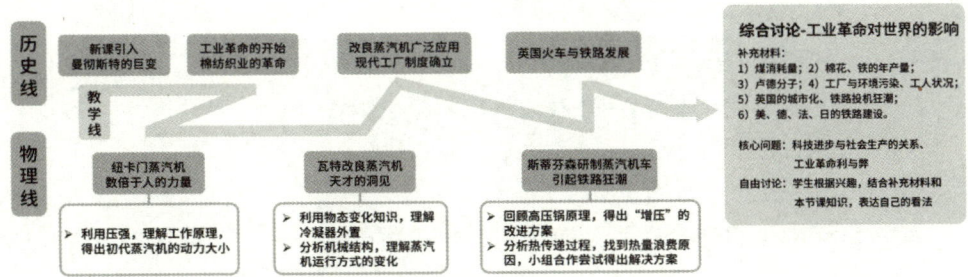

图 3-7　教学环节初步设计环节

最后，与历史、物理学科教师进行深入的讨论，将最终的教学设计修改如图 3-8 所示。

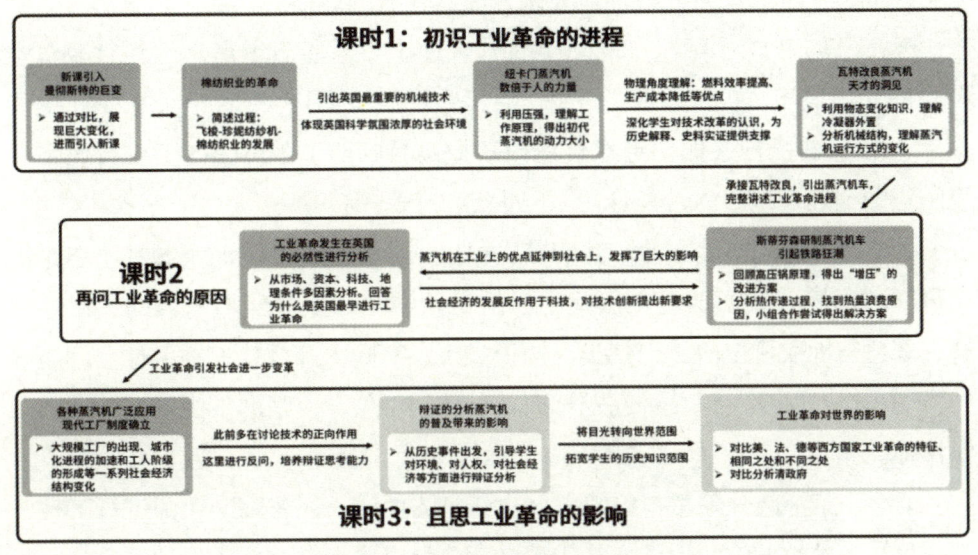

图 3-8　最终的教学设计修改

---

① 王可，胡小丰，郭乙霄."第一次工业革命"主题学习——文理交融的多学科整合型跨学科课程 [J].中国科技教育,2025,(01):27-31.

第三节
助推高阶思维：设计复杂任务，提升学生高阶思维能力

教育目标相关的理论众多，比如布鲁姆认知目标分类法、马扎诺教育目标新分类学、BOPPPS 教学模式、SOLO 分类法、OBE 教学法……各种各样的理论纷繁复杂，各有侧重。并且，理论知识离教学实践也有一段距离，需要教师先读懂、再设计、再验证是否符合理论，然后在长期实践中深化对理论知识的认识。因此，当教师初次上手，按照某个教学理论进行设计教学时，容易没有头绪或拿捏不好尺度，特别是复杂开放式任务的设计。

现在，利用 GAI 可以帮助新手教师快速上手，厘清重点，达到对教育学理论的初步认识，提高教师的下限；同时，有经验的教师也可利用 GAI 提高效率，对 GAI 的回答做出针对性修改，提高教师的上限。GAI 工具推荐带有思维链的推理模型：DeepSeek-R1、通义千问 2.5 等。

在进行下面的阅读之前，我们首先提出一个观点：高阶的问题并不总是优于低阶的问题，我们课堂上提问的目的是让学生产生对学习内容的关联性理解，要适当地安排低阶（记忆类、知识类）、高阶（开放性、抽象性）问题或任务的占比和顺序，每一种问题都有其独特的地位，以帮助学生更好地达到教学目标。

下面，第一部分除了布鲁姆六层次任务的生成，还有辅助教师进行"教—学—评"一致性的教学设计方法，第二部分是对单个复杂任务设计的方法，而第三部分则是对问题的顺序进行规划的方法。

一、简单实用的布鲁姆分类法

说起教学目标，很多老师都会想到布鲁姆分类法，这一理论从 20 世纪中

期就开始影响教育，帮助教师确定教学目标、设计课程、评估学习效果等等。

布鲁姆分类法理论框架

当然，现在也有一些研究者认为布鲁姆分类法存在缺点，比如有学者批判对思维六个层次的划分过于简单化、机械化，六个层次的思维并非相互独立；我们看不见学生的思维推理过程，学生到底有没有用对应的不同层次思维去解决问题尚不能得知。但对于一线教师来说，布鲁姆分类法仍然是一个很好用的工具，通过划分流程，对思维进行系统化、规范化的分类，能够有力地帮助教师用来规划循序渐进的教学、判断课堂上提出的问题是否照顾到了多个方面。

第一层，记忆/回忆（Remember）——从长时记忆中提取相关的知识。即对已有知识的回忆、再现与辨识。这一层级是获取信息并将其内化为个体思维组成部分的初始阶段，使学习者能够在后续的思索与行动中提取相关信息，并付诸应用。举例而言，在要求学生娴熟运用某个词汇之前，首要任务是掌握该词的语义。这是认知构建的基石，也是所有更高阶认知能力发展的前提。常用的动词有：识别、回忆。

第二层，理解（Understand）——从口头、书面和图像等交流形式的教学信息中建构意义，即理解我们获得的知识。比如，学生或许能背诵一个词汇的语义，但这并不意味着学生已领会该语义的真正含义，或该词汇在不同语句语境下的恰当用法。理解的核心在于学习者展现其对既有事实的融会贯通能力。理解是在知道的基础上更进一步的发展，它不仅限于记忆信息，更注重明晰其内在含义，能够以自身语言进行阐释，并能进行初步的归纳与推演。常用的动词有：解释、举例、分类、总结、推断、比较、说明。

第三层，应用（Apply）——在给定的情景中执行或使用程序。此时我们聚焦学习者如何将其已掌握的知识与理解，迁移至全新的（或熟悉的）情境之中，其目的是借助已奠定的基础，应对所遭遇的问题。在教学场景中，这一层级通常体现为当学生初步掌握某个知识后，能够解答相关问题。应用是将理解转化为实际操作的关键环节，它要求学生能够在多种情境中灵活施展所习得的知识与理解，解决现实问题，展现对知识的迁移应用能力。常用的动词有：执行、实施。

第四层，分析（Analyze）——将材料分解为它的组成部分，确定部分之间的相互关系，以及各部分与总体结构或总目的之间的关系，即学习者能够将事物进行拆解，以揭示其内在的关联、动因、原因、联系与运作机制。分析是在应用的基础上，对事物内在结构与逻辑关系进行更深层次的探究，要求我们具备运用知道和理解的内容。它要求学生能够分解复杂信息，识别构成要素，洞察各部分之间的内在联系，并理解事物运行的内在逻辑。常用的动词有：区别、组织、归因。

第五层，评价（Evaluate）——基于准则和标准做出判断。为了能对一个事物或一系列事物进行价值评判与审慎评估，我们需要明晰其本质，对其有独到的见解，能够将既有理解应用于不同的情境，深入剖析其内在构成，并且至关重要的是，能够在其基础上进行创新性拓展。评价是在分析的基础上，用批判性思维去考虑信息、观点、方法等，并做出合理的价值判断。它要求学生能够运用既定标准与证据，对事物进行客观评估，并能提出条理清晰的论证。常用的动词有：检查、评论。

第六层，创造（Create）——将要素组成内在一致的整体或功能性整体；将要素重新组织成新的模型或体系。这是布鲁姆分类法中认知的最高层级。为了能够创造，我们需要整合前面所有层级的认知能力。创造指的是产生新的、原创的事物。这些事物可以是新的想法、解决方案、产品、设计，甚至是新的理解或视角。它不是简单地组合已有的信息，而是要进行创新性的思考和实践，将知识、理解、应用、分析和评价等能力融会贯通，最终形成具有独特价值的成果。只有在充分掌握知识、理解其意义、应用到实际情境、分析其组成部分并进行评价之后，我们才能真正具备创造的能力，并产出具有新颖性和实用性的作品。常用动词有：产生计划、生成。布鲁姆认知过程类别及其例子如表 3-2 所示①。

---

① 洛林 W 安德森. 布卢姆教育目标分类学（修订版）：分类学视野下的学与教及其测评 [M]. 蒋小平，张琴美，罗晶晶，译. 北京：外语教学与研究出版社，2009.

表 3-2　布鲁姆认知过程类别及其例子

过程类别	认知过程及其例子
1. 记忆/回忆 (Remember)——从长时记忆中提取相关的知识	
1.1 识别 (Recognizing)	如，识别美国历史中重要事件的日期
1.2 回忆 (Recalling)	如，回忆美国历史中重要事件的日期
2. 理解 (Understand)——从口头、书面和图像等交流形式的教学信息中建构意义	
2.1 解释 (Interpreting)	如，阐释重要讲演和文献的意义
2.2 举例 (Exemplifying)	如，列举各种绘画艺术风格的例子
2.3 分类 (Classifying)	如，将观察到的或描述过的精神疾病案例分类
2.4 总结 (Summarizing)	如，写出录像带所放映的事件的简介
2.5 推断 (Inferring)	如，学习外语时从例子中推断语法规则
2.6 比较 (Comparing)	如，将历史事件与当代的情形进行比较
2.7 说明 (Explaining)	如，说明法国 18 世纪重要事件的起因
3. 应用 (Apply)——在给定的情景中执行或使用程序	
3.1 执行 (Executing)	如，两个多位数的整数相除
3.2 实施 (Implementing)	如，在牛顿第二定律适用的问题情境中运用该定律
4. 分析 (Analyze)——将材料分解为它的组成部分，确定各部分之间的相互关系，以及各部分与总体结构或总目的之间的关系	
4.1 区别 (Differentiating)	如，区分一道数学应用题中的相关数字与无关数字
4.2 组织 (Organizing)	如，将历史描述组织起来，形成赞同或否定某一历史解释的证据
4.3 归因 (Attributing)	如，依据其政治观点来确定文章作者的立场
5. 评价 (Evaluate)——基于准则和标准做出判断	
5.1 检查 (Checking)	如，确定科学家的结论是否与观察数据相吻合
5.2 评论 (Critiquing)	如，判断解决某个问题的两种方法中哪一种更好
6. 创造 (Create)——将要素组织成内在一致的整体或功能性整体；将要素重新组织成新的模型或体系	

续表

过程类别	认知过程及其例子
6.1 产生（Generating）	如，提出解释观察现象的假设
6.2 计划（Planning）	如，计划关于特定历史主题的研究报告
6.3 生成（Producing）	如，有目的地建立某些物种的栖息地

布鲁姆分类法的六个层级就像台阶一样，一级一级往上走，对学生的要求也越来越高，特别是最高的三个层级——分析、评价、创造。GAI 能帮我们更轻松地设计出符合布鲁姆分类法高阶思维要求的学习任务，让学生在课堂上更有机会锻炼批判性思维、解决问题的能力和创新精神。

除上面的认知过程维度外，布鲁姆的理论还有知识维度，它从四个方面描述了学生学习内容的类型——事实性知识（Factual Knowledge）、概念性知识（Conceptual Knowledge）、程序性知识（Procedural Knowledge）、元认知知识（Metacognitive Knowledge）①。两个维度叠加才能展现布鲁姆教育目标分类法的全貌，但为了使教师更容易上手，下面仅使用了认知过程六层次进行教学设计。

【操作案例 3-4】GAI 辅助设计六层次问题步骤

Step 1：知识唤醒与校准

这一步很重要，目的是确保 GAI 准确理解布鲁姆分类法的各个层次及其内涵，避免后续任务设计偏离理论框架。除下面通过提问进行校准的方法外，还可以将表 3-2 的内容拍照发给 GAI 进行知识校准。

输入提示词："布鲁姆的分类法中，记忆、理解、应用、分析、评价、创造分别有什么含义？"

Step 2：完善教学目标与重难点

有了上一步的操作，GAI 能准确理解理论之后，就可以利用 GAI 对已经

---

① 洛林 W 安德森. 布卢姆教育目标分类学（修订版）：分类学视野下的学与教及其测评 [M]. 蒋小平，张琴美，罗晶晶，译. 北京：外语教学与研究出版社，2009.

设计的教学目标和重难点进行分析和提出建议，教师根据建议进行修改，以确保本节课的教学目标覆盖所有思维层次、重难点设计合理。

输入提示词："请基于布鲁姆认知目标分类法（记忆、理解、应用、分析、评价、创造），分析下面的教学目标 [在此处输入教师预设的教学目标] 属于何种层次、是否覆盖所有思维层次，重难点 [在此处输入教师预设的重难点] 是否合理，并给出理由。

Step 3：任务生成

教师根据第二步中 GAI 给出的建议对教学目标和重难点进行修改后，以下面的提示词进行任务生成可以使学习任务和教学目标匹配，体现出教与学的一致性。进一步地，继续要求 GAI 依据上述内容给出对应的评价任务，可以辅助教师进行"教—学—评"一致性的教学设计。

输入提示词："下面是我修改后的教学目标和重难点设计：[在此处输入教师修改后的教学目标和重难点]，请首先分析教学目标和重难点分别属于何种层次，再针对 [学段 + 学科] 的 [单元标题] 一课，设计一系列学习任务或问题，以培养学生的高阶思维能力，并确保所有教学目标和重难点达成。"

★教师审核并修改上述学习任务或问题之后，再次与 GAI 互动："请依据下面的教学目标、重难点和学习任务设计，给出对应的评价任务和量表设计，并确保教学目标、学习任务、评价任务之间具有一致性 [此处输入修改后的教学目标、重难点和学习任务设计]。"

二、马扎诺教育目标新分类学指导复杂任务设计

马扎诺教育目标新分类学从知识领域和加工水平两个维度构建模型，它告诉我们教学要关注两个方面：在知识领域关注学生学习的内容，在加工水平上关注学生思考的深度。

马扎诺教育目标新分类学理论框架

马扎诺教育目标新分类学理论框架为我们描述了四个系统如何各司其职地

发挥作用，如图 3-9 所示。当学生面对一个新任务时，首先由自我系统决定是否需要介入，然后由元认知系统提出相关的目标与策略，接着由知识运用（认知系统）处理相关的信息，以上三种系统的运作都需要借助已经贮存的知识系统[①]。因此，我们在设计任务或者提出问题的时候，就要思考：学生要进行何种水平的思考？调动什么知识去解决？

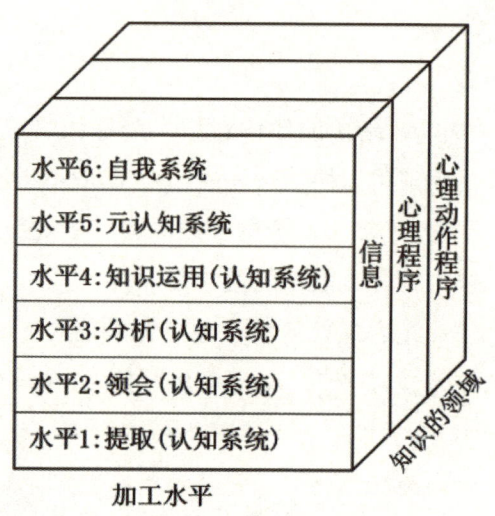

图 3-9　马扎诺教育目标新分类学理论框架

三种知识领域的具体成分如表 3-3 所示。

表 3-3　三种知识领域的具体成分

信息	1. 有组织的观念	原理 / 概括
	2. 细节	时间序列 / 事实 / 术语
心理程序	1. 过程	宏观程序
	2. 技能	方法 / 算法 / 单一规则
心理动作程序	1. 过程	复杂组合程序
	2. 技能	简单组合程序 / 身体基本动作技能

---

① 盛群力. 旨在培养解决问题的高层次能力——马扎诺认知目标分类学详解 [J]. 开放教育研究，2008(2): 10−21.

在认知系统的四层水平中，提取是对简单事实的准确复现，以此来识别学习者是否能识别已知的信息；领会在马扎诺的分类中有两种方式——整合与符号表征。整合指的是对知识关键要素的提炼，形成宏观的结构，比如我们在对熟悉的事物讨论时，仅仅记得其大概，而不记得细节部分。符号表征是指用符号或形象的方式来表示知识的宏观结构，比如绘制一系列历史事件的时间轴、用思维导图呈现多个知识之间的关联、物理学中的公式，等等。

属于对思维的高阶应用的是分析、知识运用层次，马扎诺提出了五种具体分析过程以及四个知识运用的类别，如表 3-4 所示，为我们制定问题类型和任务形式提供参考。

表 3-4 分析过程和知识运用的类别

分析层次	匹配	分辨知识要素之间的异同性
	分类	将知识组成有意义的类别
	错误分析	回答知识的逻辑性和合理性
	概括	从已知信息中推断出新的概括或者新的原理
	具体应用	依据已知的概括与原理形成新的应用
知识运用层次	决策	在似乎同样重要的解决方案中做出选择
	问题解决	突破现有条件限制或者克服障碍去达标
	实验探究	了解自然现象或心理现象
	调研	考查过去、现在和未来的情况

加工水平的自我系统层次决定学生面临新任务时是否需要介入，是否带着积极的情绪参与学习任务。这要求我们在设计任务时需要给学生的第一印象是想参与的、有趣的。所以复杂任务的选题要来源于真实生活经验或新颖的题材，任务难度要循序渐进。

学生的元认知系统层次负责完成对新任务制订行动计划或策略，这要求教师为不熟悉复杂任务的学生提供支架，之后再逐渐撤去。这里可以利用 GAI 辅助我们对学习任务单进行设计。

课程增效：生成式人工智能打造优质课堂

【操作案例 3-5】GAI 辅助设计高阶任务

综合上面所述，我们可以用以下的提示词对问题和任务进行设计：

"请为"学段＋学科＋课程主题"一课设计问题和任务，任务或问题的情境要来源于真实生活经验或新颖的题材。从分析层次出发，设计应用不同分析过程的问题；从知识运用层次出发，设计不同类别的复杂任务。"

* 在向 GAI 提问前，要将上面的信息输入对话框中，避免 GAI 对理论理解出现偏差。

* 分析层次设计的问题，可以用于课堂提问；知识运用层次的复杂任务耗时长，一般选择一个，交给学生自主完成。

为复杂任务设计学习任务单："为知识应用层次的不同复杂任务设计学习任务单，要求学习任务单能够为学生搭建支架，辅助学生完成任务。"

示例：初中物理"声音的产生与传播"——仅展示部分

【分析层次】

（1）匹配：音乐会上，我们能听到多种乐器发出的声音，例如小提琴、钢琴、鼓等。请你比较小提琴和鼓这两种乐器：

- 在发声方式上，它们有什么相同之处？有什么不同之处？
- 在传播介质上，声音从乐器传到你的耳朵，传播介质是否相同？
- 如果我们想区分小提琴和鼓的声音，可以从哪些声音的特性（例如音调、响度、音色）上进行分析？

（2）错误分析：以下是一些关于声音的说法，请你判断这些说法是否正确。如果错误，请指出错误之处，并用你所学的知识解释原因。

- 说法一："真空不能传声，所以宇航员在太空中无法直接交谈，只能使用无线电。"
- 说法二："声音传播的速度只与介质的种类有关，与介质的温度无关。"
- 说法三："只要物体振动，我们就能听到声音。"
- 说法四："声音在固体中传播速度一定比在液体中传播速度快。"

（3）具体应用：蝙蝠是夜间活动的动物，它们主要依靠发出超声波并接收反射回来的声波来辨别方向和捕捉昆虫。蝙蝠利用的是超声波而不是我们平时能听到的声音，你认为使用超声波有什么优点？（提示：可以从超声波的特性和蝙蝠的生活环境等方面考虑）

【知识运用层次】

（1）决策：小明家想在家中打造一个家庭影院，但是担心影响邻居。现在有两种隔音材料可供选择：材料 A：价格便宜，隔音效果一般；材料 B：价格较贵，隔音效果好。

请你扮演小明的顾问，综合考虑隔音效果、预算成本、安装难易程度等因素（假设两种材料安装难易程度相当），为小明选择更合适的隔音材料，并说明你的理由。你认为还需要考虑哪些其他因素才能做出更全面的决策？

（2）调研：城市噪声污染调查与防治。

以小组为单位，选择你所在的城市（或你熟悉的区域）进行噪声污染情况调研。

- 调研内容可以包括：主要的噪声来源、噪声污染的程度、噪声污染对人们生活和健康的影响、目前城市采取的噪声防治措施等。
- 查阅资料，了解历史上人们是如何认识和治理噪声的，以及未来可能出现哪些更有效的噪声防治技术。
- 撰写一份调研报告，提出你对城市噪声污染防治的建议。

三、提问序列促进学生深度思考

马扎诺的研究团队在深入研究高阶问题之后，要搞清楚某个问题到底能否引发学生的低阶或高阶思维是件很困难的事。比如，学生若事先对某个复杂的高阶问题已经有所了解，并将这一信息存储在记忆当中，那么当他再次面临同样问题时，只需要调动以前的记忆就能回答——引发的是学生简单的回忆。其次，调动学生低阶思维的问题也有其价值，记忆类、知识类问题看似要求学生进行简单的回忆和重复，但在判断学生是否掌握了特定的知识内容以及巩固学生的记忆方面，仍然有其不可替代的价值①。

提问序列的理论框架

因此，马扎诺的研究团队认为使用一系列问题来培养和加深学生对内容的理解，有效地促进学生深度思考更具有价值。于是，他们将这种一系列的问题称为提问序列（类似于问题链），为我们设计课堂上的提问指出了明确的方向。如表3-5列出了马扎诺研究团队的提问序列四阶段及其详细说明。

表3-5 马扎诺研究团队的提问序列四阶段及其详细说明

阶段	详细说明
细节	教师就课堂讨论主题的重要细节提出问题
类别	教师确定细节所属的类别，并就该类别及其特征提出问题，这类问题通常包括： 让学生给出某一类别的事例。 让学生描述某一类别的共同特征。 让学生在类别内部和类别之间进行比较
阐述	教师提出一些问题，让学生详细说明关于类别的已确定的信息。这类问题通常包括： 让学生阐明对某一特征的理解，即"为什么"问题。 让学生描述具体特征的影响。 让学生预测在某些条件下可能发生的情况。即"如果……会怎么样"问题
依据	教师让学生提供依据支持他们的阐述，这一类问题通常包括： 让学生找出支持其阐述的信息来源。 让学生说明用来构建其阐述的论证过程。 让学生限定或限制其自身结论的范围。 让学生找出用于构建自身阐述的论证中的错误。 让学生从不同的角度审视自己的阐述内容

其实这样的提问序列号教师在课堂上会很自然地出现。比如，在初中英语的课堂上正在讲解比较级的用法。

---

① 罗伯特.J.马扎诺，茱莉亚.A.西姆斯，课堂上的提问逻辑：更深度、更系统地促进学生的学习与思考 [M]. 谢怀栋，译. 北京：中国青年出版社，2023.

细节类：什么是比较级？下面的句子中哪些是比较级？

类别类：

（1）"观察一下'faster'和'bigger'，它们的构成方式有什么相似之处？与'more outgoing'的构成方式又有什么不同？"

（2）"大家觉得，哪些形容词或副词是像'fast'这样，直接加'er'变成比较级的呢？可以举一些例子吗？"

（3）"那么，像'beautiful''interesting''expensive'这样的词，为什么不用'er'，而是用'more + 形容词/副词'的形式呢？你认为它们有什么特点？"

阐述类：

（1）为什么要用到比较级？比较级对我们的生活中的表达有何帮助？

（2）如果我们过度使用比较级，例如，总是说'我的比你的更好''我做得比你快'等，可能会给别人留下什么印象？

最后，在学生对阐述性问题做出解释后，教师让学生找出支持其阐述的依据，可以是课本上的例子，也可以是生活中的实际经历。

其实这种提问序列也就是我们常说的"问题链"，其目的是引导学生进行连贯的思考，从而形成对学习内容的系统理解。虽然在没有教师预先规划的情况下，这样的提问序列也可能在课堂上自发地出现，但是教师如果能在备课时就精心设计好每节课中应包含的提问序列，将会更有效地促进学生系统性地学习和掌握知识。

【操作案例 3-6】GAI 辅助设计提问序列

GAI 辅助教师设计问题序列的方法也和上面的一样。

提示词："提问序列的四个阶段是……（上述表格中的内容），依据提问序列四个阶段，以及教学目标与重难点，对 [学段 + 学科 + 课程主题] 一课，设计问题序列。教学目标与重难点如下：[在此处列出教师预设的教学目标与重难点]。"

示例：高中物理"万有引力定律"

1. 细节阶段

（1）你能否描述苹果落地与月球绕地球运动这两个现象的共同特征？

（2）开普勒三定律揭示了行星运动的哪些规律？牛顿为何会将这些规律与地面物体运动相联系？

（3）万有引力定律的数学表达式 $F=G(m_1m_2)/r^2$ 中，每个符号的物理意义是什么？

（4）观察行星轨道数据表（给出具体数据），你能发现行星公转周期与轨道半径之间存在什么关系？

2. 类别阶段

（1）将天体简化为匀速圆周运动模型时，哪些理想化条件被采用？其与实际天体运动的差异如何体现？

（2）在推导太阳与行星间引力的过程中，我们运用了哪些已知物理规律？这些规律在具体步骤中是如何运用的？

（3）举例说明哪些自然现象属于万有引力作用范畴。

3. 阐述阶段

（1）为什么引力的大小与两物体质量乘积成正比，而与距离平方成反比？这种数学关系反映了怎样的物理本质？

（2）若地球质量突然增加一倍，月球轨道参数会发生什么变化？这对地球上的潮汐现象有何影响？

（3）阐明月地检验的关键思想：如何通过计算月球向心加速度验证引力平方反比律？

4. 依据阶段

请用万有引力公式和向心力公式构建定量关系，并通过当前地月系统参数计算：若地球质量加倍，月球新轨道半径的理论值是多少。

第四节
开展项目式学习：创设项目情境，构建学生知识能力体系

项目式学习（Project-Based Learning, PBL）作为一种以学生为中心的教学模式，通过引导学生围绕真实情境中的驱动性问题展开探究，以小组合作方式完成具有挑战性的项目任务，并最终形成可展示的成果（如报告、产品或解决方案）[1]。项目式学习的实践有五个重要特征：基于项目开展的教与学活动起始于一个驱动性问题，问题的设计以学科中重要的核心概念为依据；学生在真实的情境中以专家的身份用科学的方法进行问题解决；学生、教师要共同参与，通过合作共享，从多维度来寻求问题的解决方案；在解决问题的过程中，教师根据学生的水平提供学习技巧和学习技术等支持，从而提升学生的能力；学生创造出一系列能够解决问题的产品，并进行公开展示[2]。

GAI 如何支持项目式学习

项目式学习的设计往往是一个"重脑力活"，需要教师的灵感迸发、经验积累和持续的思考。教师需要在头脑中反复构思、推演、修改，才能将最初的想法转化为可实施的教学方案。而 GAI 的出现，有望实现教学设计的"轻量化"，实现灵感的快速落地。

传统项目式学习面临的挑战

项目式学习的核心在于驱动性问题，理想的项目主题需要紧密契合课程标准和学科内容、与现实生活紧密相连、问题开放且支持学生进行持续探究、学

---

[1] 杨明全. 核心素养时代的项目式学习：内涵重塑与价值重建[J]. 课程，2021, 41(2): 57-63.
[2] Rivet, A.&Krajcik, J. Achieving standards in urban systemic reform:Anexample of a sixth grade project-based science curriculum.[J]. Journal of Research in Science Teaching, 2004, 41(07): 669-692.

生感兴趣。然而，在实践中教师往往耗费大量时间去寻找同时满足这些条件的"完美"选题。

教师不仅需要确定项目主题，还需要设计详细的项目方案、规划项目活动、准备项目所需的各种资源。这些工作都需要教师投入大量的时间和精力进行研究。对于日常教学任务繁重的教师而言，项目设计的时间成本无法忽视。

在项目实施过程中，教师既要讲，还要对每个小组进行指导，及时发现和解决不同小组遇到的问题，这对教师的教学能力提出了很高的要求。

项目式学习高度依赖学生自主获取和筛选信息的能力。但在实践中，学生的信息获取依赖于常见的搜索引擎，不会使用专业的学术网站，而常见搜索引擎上的信息质量参差不齐，学生缺乏甄别能力，容易被碎片化、非专业甚至错误的信息误导。

在项目式学习的成果展示环节，受制于时间、精力和教师自身能力等多重因素，教师的评价与反馈难以细致入微。而要想使学生在项目式学习中学有所获，必然需要教师给出有针对性的反馈。

需要提醒，GAI 不能"无中生有"，要想使产出的教学设计切实可行，离不开三个基石——真实详细的资料、教师的专业经验、持续的迭代优化。

接下来我们将讨论 GAI 在项目式学习的各个环节——选题、规划、实施、评价四个阶段的具体操作方法。

【操作案例 3-7】GAI 在项目选题中的应用

项目式学习成败的关键，往往在于能否找到一个好的"驱动性问题"。然而在实践中，教师常常陷入两难：要么苦于找不到兼顾各方需求的"完美"选题，要么为寻找合适主题而耗费大量的时间精力。GAI 的出现，为解决这些挑战提供了新的思路。

1. 教师为主的项目主题选择

GAI 基于海量的文本数据训练，具备强大的文本理解和生成能力。教师通过"学科＋主题方向"的方式向 GAI 提问，GAI 就能够生成一系列符合要求的项目主题，再由教师进行筛选，从而大大减轻教师的脑力劳动。这一工作很多通用大语言模型都能完成，如：DeepSeek、Gemini 2.0、通义千问等。

对话步骤：

（1）科目+主题大方向

提示词："我是一名【学段+学科】教师，我想设计一个有关于（主题方向）的项目式学习课程。"

主题方向可以是社会热点、新闻报道、科技前沿，也可以是任何在生活中所发现的有趣问题（注意，如果是单一原理能够解释的问题，则不适宜设计为项目式教学，因为不具备开放性的问题很难支持学生进行深入、多角度的探究）。

（2）缩小范围+设计项目问题

提示词："我对其中的……主题感兴趣，请你以符合××年级学生的认知水平设计对应的项目问题，要求问题开放且支持学生进行持续探究"

应用示例："我对其中的1、3、4主题感兴趣，请你以符合初二年级学生的认知水平设计对应的项目问题，要求问题开放且支持学生进行持续探究"

2. 学生为主的个性化项目选择

GAI 的数据分析能力十分突出。因此教师可以通过让学生填写兴趣问卷，使用 GAI 工具高效地分析问卷结果，从而选取符合学生兴趣的项目式学习主题。

对话步骤：

（1）GAI 分析问卷

提示词："请你分析学生的问卷数据，给出10个符合××年级学生兴趣的项目主题。"

（2）缩小范围+设计项目问题（同上）

3. 辅助教师进行项目主题可行性评估

在项目化教学设计中，GAI 能够为教师提供双重支持：它不仅可以帮助生成多样化的项目主题，还能辅助教师筛选出最适合的教学方案。在具体操作中，教师只需输入关键评估维度，GAI 就能得出全方位的分析结果。这种协作模式的优势在于：一方面，GAI 的分析能减少教师主观判断偏差，帮助教师更理性地看待不同项目主题的优缺点；另一方面，智能工具能够同时考量课程关联性、学生认知水平、安全风险等常被忽略的细节，为决策提供"第二视角"。最终教师可结合自身经验，在 GAI 提供的客观参考基础上，选择具备实操性的优质项目主题。

提示词："请你从教育价值、难度水平、所需教学材料等多个方面对 ×× 主题的项目式教学进行分析。"

【操作案例 3-8】GAI 在项目规划中的应用

GAI 在项目规划中能够在如下三个方面帮助教师。

快速生成项目框架：教师只需向 GAI 提供项目主题、驱动性问题、相关文献，GAI 就能迅速生成包含项目目标、学习目标、主要活动、时间安排的项目规划框架。

精细设计课时计划：教师将项目计划分解为课时单元，并针对每个课时与 GAI 互动讨论，逐步明确教学目标、教学环节、教学活动、所需资源等。

启发教学设计灵感：GAI 强大的信息整合和生成能力，能为教师的项目规划提供新视角和思路。在与 GAI 互动的过程中，教师能获得更多启发，在项目目标、活动设计、资源选择等方面有所创新，突破传统教学设计的局限。

1. 准备阶段——文献支撑，奠定基础

教师在 Web of Science、知网等权威学术数据库中，人工搜索并筛选与项目主题高度相关的专业文献，然后将筛选后的文献资料上传至 GAI，为 GAI 提供可分析的真实知识基础，减少"幻觉"现象。

（1）由 GAI 提供搜索关键词

提示词："我想以 ×× 为主题进行项目式学习设计，当我在权威学术数据库搜索相关文献时我该输入哪些关键词？"

（2）人工筛选专业文献并上传

如果在筛选文献时发现了对学生很有价值的研究问题，那么在下一个步骤中可以直接利用文献中研究的问题进行项目式教学的初步设计。

提示词："请根据上传文献中的研究问题，设计一个符合【学段】学生认知水平的项目式教学计划。"

2. 初步规划——整体框架，粗中有细

将人工搜集到的文献资料上传到 GAI 中，结合之前 GAI 给出的项目主题、驱动性问题、子问题，要求 GAI 生成初步的项目式学习计划（包含项目目标、学习目标、主要活动、时间安排等）。

提示词："请结合上传的文献资料，以及项目问题'……'，制订一个项目式教学计划。"

注意，GAI 给出的回答往往不能直接拿来使用，需要教师对回答进行仔细考虑，并提出针对性的修改意见。在提出修改意见时，建议把修改原因加上，让 GAI 在后续回答中避免重复出现教学方向错误。

提示词："某某部分因为【具体原因】不符合教学，我想把教学方向设计为【具体意见】，请重新规划教学过程。"

3. 逐课细化——聚焦目标，精雕细琢

GAI 提供的教学设计往往是若干个课时，此时需要逐个与 GAI 进行互动讨论，明确每个课时要达成的教学目标、教学环节、教学活动、所需资源。在互动过程中，教师需要根据自身的教学经验，对 GAI 生成的每个课时计划进行多次引导、修改，确保教学内容的准确性、教学活动的可实施性。

提示词：

当 GAI 对某个教学内容未提及时："在【课时名称】的教学环节中，关于【教学内容】的讲解不够详细，不利于学生理解，请你重新设计这一部分的教学环节。"

当 GAI 对某个教学环节过于简略时："请你在【教学环节】中，添加逐步的引导性问题，并给出相应的参考讲解内容。"

当 GAI 设计的某个教学环节不符合教学方向时："我认为【教学环节】需要侧重于【教学方向】，请重新设计该环节的教学活动。"

当需要更多的课堂讨论时："请为【教学环节】提供【数量】个课堂讨论

问题。"（此处可结合 3.3 节的理论对讨论问题方向进行限定）

4. 整合完善——全面检查，精益求精

在完成所有课时的精细化设计后，需要教师进行详细的修改，以确保其可以实施。教师检查时除了知识性、科学性错误之外，还应当格外注意教学中涉及价值观的部分是否符合社会主义核心价值观，避免误导学生。

教师在最后检查阶段，同样也可以利用 GAI 进行辅助。只需要将完整的教学设计以文档形式上传，要求 GAI 分析教学设计并提出修改意见即可。尽管 GAI 给出的部分建议可行性不高，但仍有教师意料之外的可取之处。

【操作案例 3-9】GAI 在项目实施中的应用

项目实施阶段是项目式学习的核心环节，是将计划付诸实践、达成学习目标的关键环节。

1. 个性化指导

利用 GAI（如：DeepSeek、Gemini 2.0、通义千问等），可以为学生提供个性化的学习反馈和建议。GAI 可以分析学生的学习数据（如项目成果、讨论内容等），识别学生在知识、技能、思维等方面存在的问题，并提供针对性的指导。学生也可以针对有疑问的地方直接询问 GAI，随时获得反馈和建议，无须等待教师。

学生使用提示词：

"我们小组正在进行 ×× 项目，请分析提交的项目报告初稿，指出其中的不足，并给出修改建议。"

"我不太理解 ×× 概念，请你用更通俗的方式解释一下，并举例。"

"请分析我在 ×× 问题上的回答，告诉我有哪些地方需要改进。"

2. 辅助学生知识构建

GAI 可作为学生的"智能学习伙伴"，凭借其快速获取信息、整合多源知识、多角度阐释概念的能力，高效辅助学生获取项目所需的知识。在学生小组的项目式学习探索过程中，高质量、易获取的信息至关重要。GAI 能够针对学生的问题提供精炼且准确的解答，弥补了传统网页搜索信息碎片化、质量良莠不齐的缺陷，更有效地支持学生的自主探究。

需要具有联网搜索功能或训练数据库尽可能新的 AI 模型，如：DeepSeek、Gemini 2.0、通义千问等。

学生直接向 GAI 提问即可：

"我想要了解 [某个概念] 是什么意思？"

"[某个事件 / 现象] 发生的原因是什么？有哪些影响？"

"为了解决 [某个问题]，我可以采取哪些方法？"

"如何设计一个实验来验证 [某个假设]？请帮我列出实验步骤和注意事项。"

学生提出的问题越清晰、具体，GAI 给出的答案就越有针对性、越有价值，因此面对 GAI 使用不熟练的学生，需要教师耐心引导，培养学生"提出好问题"的能力。

【操作案例 3-10】GAI 在项目评价中的应用

项目评价是项目式学习中不可或缺的环节，它不仅是对学生学习成果的总结，也是对教学过程的反思和改进。

1. 多维评价

GAI 具备强大的数据分析能力，可以对学生在项目式学习过程中产生的各种数据（如学生提交的作业、报告、代码、设计图，参与讨论的记录等）进行分析，从多个维度评估学生的学习成果和学习过程。只要教师提供分析框架，GAI 就能迅速进行分析并形成针对性评价，还可以帮助教师做到对不同学生、不同小组、不同项目进行横向和纵向比较。

提示词设计：

"请分析学生提交的项目报告，从创新性、实用性、完整性、规范性等方面进行评价，并给出综合评分（1~10 分）。"

"请分析学生的发言记录，评估他们的参与度、贡献度、合作精神等，并给出每个学生的评分（A~E 等级）。"

课程增效：生成式人工智能打造优质课堂

"请对比分析五组学生提交的项目报告，找出各自的优点和不足。"

2. 实时评价

GAI 可以在项目进行过程中，为学生提供实时的反馈和建议。学生可以在项目的任意阶段向 GAI 进行询问并获得改进建议。

提示词设计：

"请帮我分析这份项目研究报告，并提出修改意见。"

"我设计的 ×× 是否存在问题？请帮我分析一下，并给出优化建议。"

3. 辅助学生成果展示

GAI 可以帮助学生制作更具吸引力和表现力的项目成果展示材料。学生可以利用 GAI 快速生成演示文稿、海报、视频等展示框架、要点、脚本，节省学生制作展示材料的时间，帮助对多媒体技术不熟练的学生更生动、形象地展示项目成果。

提示词设计：

"请根据上传的项目文件，为我的项目设计演示文稿大纲，要求包含项目背景、方案亮点、效果评估等部分。"（也可以直接使用通义千问、Kimi 等 PPT 创作工具直接生成。）

"请根据上传的项目文件，为我的项目设计制作一个展示海报，请给出制作方案。"

综合案例三——GAI 赋能"保护生态"项目式学习

本案例以"讲好中国故事——保护生态，持续发展"为主题，旨在通过项目式学习的方式，引导学生了解生态平衡的基本规律、我国在生态文明建设中的重要成就，以及其中蕴含的科学精神、人与自然和谐共生的理念和可持续发展的国家战略智慧。该项目以生物学为基础，融合了编程思想、科学建模、真实案例，并充分利用 GAI 辅助教学，取得了良好的教学效果。

第三章 教学模式选择：GAI 如何辅助教师实践前沿教学理论

（一）案例简介

本项目式学习围绕"生物与环境相互依赖、相互影响，形成多种多样的生态系统"这一核心概念展开，通过"问题导向、情境驱动"的方式，从澳大利亚"兔灾"的失控案例，到黄石公园重引狼群的成功修复，再到我国"长江禁渔""退耕还林""天津潮白河湿地保护区"等重大生态保护实践，引导学生逐步深入探究生态系统自我调节的科学原理，并最终培养学生积极参与环境保护的意识。如表 3-6 所示为"保护生态"项目式学习案例简介。

表 3-6 "保护生态"项目式学习案例简介

课时 1：环境承载力与单一物种增长	
引入：澳大利亚"兔灾"案例，引出物种无限繁殖带来的生态问题	
理论讲解：介绍逻辑斯谛增长模型（S 形曲线）与环境承载力（K）的概念	
AI 建模实践：利用 GAI 工具构建增长模型，模拟环境承载力变化对种群数量的影响	
模型应用与分析：结合过度放牧案例，分析其危害，理解不可持续发展的概念，并引出如何实现可持续发展的问题	
课时 2：生态平衡——捕食者与被捕食者模型	
回顾与引入：在"兔—草"模型基础上，引入天敌"狼"，构成"狼—兔—草"食物链	
理论讲解：介绍捕食者与被捕食者模型及生态系统的自我调节与动态平衡	
AI 建模实践：利用 GAI 工具将上一课时模型升级为捕食者-被捕食者模型，模拟种群间的动态关系	
讨论与分析：观察模型中种群数量的周期性波动，结合黄石公园重引狼群案例，理解自我调节机制对维持生态平衡的意义	
课时 3：人类活动与生态保护策略	
保护策略一：设立"休养生息"区	案例分析：介绍黄土高坡"退耕还林"的积极影响，引出减少人类干预的保护思路。 AI 建模实践：将模型迁移至水生生态系统，模拟"过度捕捞"的危害。 策略深化：结合"长江十年禁渔"和天津潮白河湿地保护区案例，理解设立自然保护区的科学性
保护策略二：增加生物多样性	模拟对比实验：构建简单食物链与复杂食物网两个模型，施加相同外部冲击（如"狼群数量减半"）。 讨论与分析：通过对比模型结果，得出生物多样性越丰富，生态系统抵抗力越强的结论

续表

课时 4：模型优化与生态系统设计展示
小组项目：学生分组在限定情境（海洋、森林、草原）和物种资料库内，设计一个稳定的虚拟生态系统
AI 建模应用：利用 GAI 工具构建所设计生态系统的仿真模型，并测试其稳定性与抵抗力
成果展示：各小组上台汇报展示其生态系统设计方案、食物网、模型运行结果及科学依据

（二）GAI 运用

本项目式学习在多个环节充分利用了 GAI 技术，有效提升了教学设计效率与学生学习效果。

1. 项目主题选取

主题选取的初衷是设计一堂科学课，旨在通过讲述中国故事来激发学生的爱国情怀。同时，考虑到近年来中国在环境保护上取得的重大成就——我国成为全球增绿最快、最多的国家，森林覆盖率超 25%。我意识到该以方向为切入点设计设计一个以生物学为主的科学项目式教学，是培养学生生态文明建设意识，理解人与自然和谐共生理念的有效途径。

因此，我向通义千问进行如下提问：

"搜索中国近年来在生态环境保护方面的重大成就"

通义千问的回复如图 3-10 所示。

图 3-10　通义千问的生态环境保护成就

注意到,"生态系统修复""自然保护地体系建设"与生物学中"生物与环境"主题高度相关,因此进一步提问:

"生态系统修复和自然保护地体系建设的具体案例、新闻有哪些?"

"如何引导初中学段学生逐步理解生态平衡?"

通义千问的回复如图 3-11 所示。

课程增效：生成式人工智能打造优质课堂

图 3-11 通义千问对进一步提问的反馈

图 3-11　通义千问对进一步提问的反馈（续）

根据上面的回答，项目式教学的初步思路确定为，以孤立种群在有限资源下的增长作为项目起点，再过渡到捕食—被捕食两个种群之间的相互制约关系，以初步理解生态系统的自我调节与生态平衡，最后结合真实案例分析生态平衡被破坏的原因，以及设立自然保护区、增加物种多样性两种保护生态的措施。

将上面的初步思路与 GAI 讨论（打开深度思考模式），生成如下初步的教学设计。通义千问的回复如图 3-12 所示。

图 3-12　通义千问对项目式教学的初步设计

- 捕食者需在规定时间内"捕获"猎物，猎物需躲避；
- 记录每轮捕食者的成功率和猎物数量变化。

• **教学建模**：
引入洛特卡-沃尔泰拉方程（简化版），用Excel或图形软件绘制捕食者与猎物的数量动态曲线。

• **讨论与总结**：
- 提问："如果捕食者消失，猎物种群会如何变化？这对生态系统有何影响？"
- 引导学生归纳：**捕食关系是生态系统自我调节的关键机制。**

第三阶段：生态平衡破坏与保护措施

目标：结合真实案例分析生态失衡原因，并提出保护策略。

活动设计：

• **真实案例分析**：
- **案例1**：洞庭湖湿地生态破坏（[12]）
  - 问题：欧美黑杨种植导致湿地退化，非法采砂破坏生态。
  - 任务：分析人类活动（如过度开发、外来物种入侵）如何打破生态平衡。
- **案例2**：三江源国家公园保护（知识库案例）
  - 问题：藏羚羊数量恢复的成功经验。
  - 任务：总结自然保护区在物种保护中的作用。

• **保护措施设计**：
- **小组任务**：
每组选择一个案例（如洞庭湖湿地、亚马逊雨林），提出两种保护措施（如设立保护区、增加物种多样性），并设计宣传海报或短视频。

• **跨学科整合**：
- **数学**：计算保护区面积与物种数量的关系。
- **地理**：调查本地生态系统现状，撰写简要报告。
- **艺术**：用绘画或手工模型展示生态修复前后的对比。

• **总结与反思**：
- 提问："自然保护区如何通过增加物种多样性增强生态系统的稳定性？"
- 引导学生归纳：**保护生态平衡需要减少人为干扰、恢复生物多样性。**

项目评价设计

评价维度	评价方式
知识理解	逻辑斯蒂增长模型分析报告、捕食关系模拟实验数据记录表
实践能力	种群模拟实验操作、生态保护方案设计成果（海报/视频）
合作与沟通	小组讨论记录、案例分析报告分工与协作情况
创新与反思	保护措施的创新性、对生态平衡破坏原因的深度分析

图 3-12　通义千问对项目式教学的初步设计（续）

最后，优化得到案例简介部分的 4 课时项目主题设计。

2. 详细的教学设计撰写

对于详细的教学设计撰写部分，教师可以选择对 GAI 进行提问："请按照设计的课时主题，给出详细的科学课教学设计。"但这样提问的回答结果往往不能直接使用，更有效的操作是教师首先设计出每个课时的大致教学环节，再让 GAI 进行教学设计。

对于课时 1，初步教学环节如下：

细菌在培养皿中的指数增长，引出环境承载力的概念——以澳大利亚野兔入侵为背景，讲解逻辑斯蒂增长模型——学生利用 AI 完成建模，模拟"兔—草"环境——丰富模拟程序，如增加草原面积、牧草丰富度可调节的内容，观察不同条件下种群数量变化曲线——结合过度放牧导致草原沙化真实案例，指出超出环境承载力的发展模式是不可持续的。

在教师有了初步的教学环节设定之后，GAI 的回答才具有针对性和可实施性。

"请你根据课时 1 的教学环节'……'，给出课时 1 的教学设计。"

通义千问的回复（部分）如图 3-13 所示。

图 3-13　通义千问的回复（部分）

- **能力目标：**
  - 通过AI建模工具模拟"兔—草"系统，分析不同参数对种群数量的影响。
  - 结合真实案例，提出保护生态平衡的合理建议。
- **情感目标：**
  - 认识到人类活动对生态系统的影响，树立可持续发展的意识。

教学重点与难点

- **重点：** 逻辑斯蒂增长模型的生物学意义及环境承载力的动态调节。
- **难点：** 如何通过AI建模直观理解"兔—草"系统的动态平衡，并解释真实案例中的生态失衡现象。

教学流程设计

一、导入新课：细菌的指数增长（10分钟）

目标：引出"环境承载力"概念，激发探究兴趣。

活动设计：

- **实验观察：**
  - 播放酵母菌培养实验视频（参考知识库[12]），展示酵母菌在培养基中的指数增长（J型曲线）。
  - **提问：** 如果资源无限，种群会一直增长吗？为什么？
- **理论讲解：**
  - 介绍**指数增长模型**（$N_t = N_0 \times \lambda^t$），强调"资源无限"是理想条件。
  - **过渡：** 引入"环境承载力（K值）"的概念，说明资源有限时种群的动态平衡。

学生活动：记录实验数据，绘制酵母菌生长曲线，初步理解J型曲线特点。

二、案例探究：澳大利亚野兔入侵与逻辑斯蒂模型（15分钟）

目标：通过真实案例理解逻辑斯蒂增长模型（S型曲线）。

活动设计：

- **案例分析：**
  - 展示澳大利亚野兔入侵的历史背景（19世纪引入兔子→无天敌→种群爆炸→生态灾难），配以种群数量变化曲线图（J型→S型）。
  - **提问：** 为什么野兔数量最终趋于稳定？环境承载力是如何调节的？
- **模型讲解：**
  - 介绍**逻辑斯蒂方程**（$dN/dt = rN(1 - N/K)$），解释参数r（增长率）、K（环境承载力）的生物学意义（参考知识库[8]）。

学生活动：对比J型与S型曲线差异，总结环境承载力对种群稳定的作用。

三、AI建模实践："兔—草"系统的动态模拟（20分钟）

目标：通过AI工具直观体验种群数量的动态平衡。

活动设计：

- **建模工具使用：**
  - 使用AI生成的交互式模型（参考知识库[9]），设置初始参数：

图 3-13 通义千问的回复（部分）（续）

```
• 兔子初始数量（N₀）、增长率（r）、草原面积（K）。
• 操作任务：
  • 调整草原面积（K值），观察兔子数量变化曲线；
  • 调整兔子繁殖率（r值），模拟不同环境下的种群。
• 模型扩展：
  • 增加"牧草丰富度"可调节参数，模拟草原退化对K值的影响。
学生活动：分组操作AI模型，记录不同参数下的兔子数量曲线，分析环境承载力与种群稳定的关系。

四、真实案例分析：过度放牧导致草原沙化（15分钟）
目标：联系实际，反思人类活动对生态平衡的影响。
活动设计：
• 案例呈现：
  • 展示玛曲县黄河水源涵养区草原沙化案例（参考知识库[10]），说明过度放牧、鼠害导致草原退化，植被保护能力下降。
  • 提问：草原沙化如何影响环境承载力？这种发展模式是否可持续？
• 小组讨论：
  • 任务：结合"兔—草"模型，分析过度放牧对草原生态系统的破坏机制。
  • 输出：提出保护措施（如控制放牧量、人工修复草原）。
学生活动：分组讨论并撰写简要分析报告，提出生态修复建议。
```

图 3-13 通义千问的回复（部分）（续）

3. 教学设计细节调整

GAI 给出的教学设计并不能直接使用，还需要教师仔细阅读，检查其中不合适的地方。

问题 1：给出的教学设计不够详细

解决方法：对 GAI 提问"针对 ×× 环节，给出具体的课堂上教师使用的逐步的引导性问题和关键问题讲解的详细文稿。"

通义千问的回复（部分）如图 3-14 所示。

> 🔍 **深度思考** 针对"导入新课环节",给出具体的课堂上教师使用的逐步的引导性问题,和关键问题讲解详细文稿

> ● 已完成深度思考(用时16秒)

> 以下是针对"**导入新课环节**"设计的具体引导性问题和关键讲解文稿,旨在通过逐步提问和案例分析,帮助学生理解"**环境承载力**"与"逻辑斯蒂增长模型"的核心概念,并激发探究兴趣。

> **一、导入新课环节目标**
> - **激发兴趣**:通过直观实验和真实案例引发学生对种群增长规律的好奇心。
> - **建立联系**:从细菌培养实验过渡到野兔入侵案例,引导学生思考资源限制对种群的影响。
> - **提出核心问题**:引出"环境承载力"概念,为后续逻辑斯蒂模型学习做铺垫。

> **二、引导性问题设计(逐步递进)**
> **1. 观察实验现象(细菌培养)**
> **问题1:**
> "大家看这个酵母菌培养实验的视频(播放酵母菌在培养皿中快速增长的动画),如果资源无限,酵母菌的数量会一直增长吗?为什么?"
> **目的**:引导学生关注实验现象,初步思考资源对种群增长的影响。

> **问题2:**
> "如果培养皿中资源逐渐减少,酵母菌的数量增长曲线会变成什么形状?会不会像'J'型曲线一样无限增长?"
> **目的**:引导学生预测资源限制下的种群增长趋势。

> **2. 案例分析(澳大利亚野兔入侵)**
> **问题3:**
> "1859年,25只野兔被引入澳大利亚。由于没有天敌,它们的数量在几十年内爆炸式增长,甚至破坏了草原生态。为什么野兔数量最终趋于稳定?这和酵母菌实验有什么相似之处?"
> **目的**:通过真实案例,引导学生发现"资源限制"是种群增长的关键因素。

> **问题4:**
> "如果澳大利亚政府想要控制野兔数量,应该从哪些方面入手?(如引入天敌、限制繁殖、恢复草原植被)"
> **目的**:引导学生思考生态平衡的调节机制,并为后续逻辑斯蒂模型学习埋下伏笔。

> **3. 引出核心概念(环境承载力)**
> **问题5:**
> "如果把酵母菌的培养皿和澳大利亚草原比作'环境',酵母菌和野兔的种群数量最终趋于稳定的原因是什么?这个'稳定点'能一直保持不变吗?"
> **目的**:引导学生归纳"环境承载力(K值)"的概念,理解其动态性。

> **问题6:**
> "假设我们扩大草原面积或增加牧草种类,野兔的环境承载力会发生什么变化?这对生态系统有什么意义?"
> **目的**:引导学生思考环境承载力的可变性及其对生态平衡的影响。

图 3-14 通义千问针对单个环节的详细设计(部分)

> 三、关键讲解文稿
>
> **1. 环境承载力的定义与意义**
>
> 讲解内容：
>
> "同学们，在酵母菌实验中，培养皿的资源是有限的；在澳大利亚野兔案例中，草原的牧草和空间也是有限的。这些限制因素共同决定了一个环境能容纳的最大种群数量，这就是**环境承载力（K值）**。
>
> 环境承载力并不是固定不变的，它会随着资源条件（如草原面积、牧草丰富度）的变化而动态调整。例如，如果人类过度放牧导致草原退化，环境承载力会下降；反之，通过恢复植被或扩大栖息地，环境承载力可以提升。
>
> 理解环境承载力的意义在于：它提醒我们，任何种群的增长都受环境限制，超出承载力的发展模式是不可持续的。"
>
> **2. 逻辑斯蒂增长模型的引入**
>
> 讲解内容：
>
> "在理想条件下（资源无限），种群会呈'J'型指数增长；但在现实环境中，资源总是有限的。科学家提出了**逻辑斯蒂增长模型（S型曲线）**，用来描述资源限制下的种群增长规律。
>
> 逻辑斯蒂模型的核心公式是：
>
> $\frac{dN}{dt} = rN\left(1 - \frac{N}{K}\right)$
>
> 其中，N是种群数量，r是增长率，K是环境承载力。
>
> 这个模型告诉我们：当种群数量（N）接近环境承载力（K）时，增长率会逐渐减缓，最终趋于稳定。例如，酵母菌在培养皿中增长到一定数量后停止，野兔在草原上数量稳定时不再爆发式增长。"

图 3-14　通义千问针对单个环节的详细设计（部分）（续）

问题 2：概念讲解没有给出例子

解决方法：对 GAI 提问"请针对'××概念'的讲解再细化，给出讲解过程中的逐步引导性问题和对应的讲解文稿"。或者"上述讲解中需要加入一个简单的、可以计算的例子帮助学生理解'××概念'。"

问题 3：关键概念未提及

解决方法：对 GAI 提问"上述教学设计中没有针对'××概念'的讲解，不利于学生学习，请在上面的教学过程中适时地引入'××概念'并讲解。"

4. 关键环节设计

本项目式教学中涉及大量编程内容，学生几乎不可能在有限的时间内完成课时中的编程要求，但是 GAI 可以直接根据使用者要求进行程序编写，这让该项目式教学的实施变为可能。也就是说，使用 GAI 工具辅助建模，将培养重点转为学生对模型的理解、批判性思考和逻辑思维，而非训练编程技术。

在使用 GAI 进行编程时，只需要清晰描述出任务要求即可。核心模拟思路为，使用能量机制简化物种的生存和繁衍，当每个个体进食时会补充能量值，移动时会消耗能量值，当能量值达到最高时即繁衍一个新个体，当能量值清零时则个体死亡。当我们仔细设计不同物种进食补充、移动消耗、最大能量值时，就能设计出一个简易的模拟程序。

初步设计：

用 HTML、CSS 和 JavaScript 创建一个完整的、可交互的"兔－草"生态系统可视化模拟网页。这个页面上需要有一个主画布作为模拟区域，旁边有一个信息面板用来实时显示兔子和草的数量。

在这个世界里，请用绿色方块来代表可以被吃掉的草，这些草地需要能随着时间缓慢地重新生长；同时，请用白色圆点代表兔子，它们会随机地四处移动，每次移动都会消耗能量，当它们走到有草的地方时，就会吃掉草来补充能量。

我希望这个模拟的核心逻辑能体现生命的循环：兔子的能量过低就会死亡并消失，而能量积累到一定程度后则会进行繁殖，生出新的兔子。最终，我希望看到整个系统能够自动运行起来，展现出种群数量随资源变化而自然波动的动态平衡现象，并请为这个模拟器添加"开始/暂停"和"重置"按钮，方便我进行观察和实验。

控件完善：

在上述程序的基础上添加多种控件，用以实现对不同情况的模拟。

1）初始草的数量、兔子的数量调节控件

2）系统演示的速度调节控件

3）显示兔子的整体数量随时间变化的曲线图

多次修改后，模拟程序如图 3-15 所示。

如果程序报错或没有达到预期效果，则将情况详细描述给 GAI，进行修改，例如：

"程序运行后只有图像，没有运行动画，请检查代码并修改。"

"运行程序过后，系统反馈如下'……'，请分析错误原因并修改。"

"运行程序过后，出现'……（详细描述）'情况，请分析错误原因并修改。"

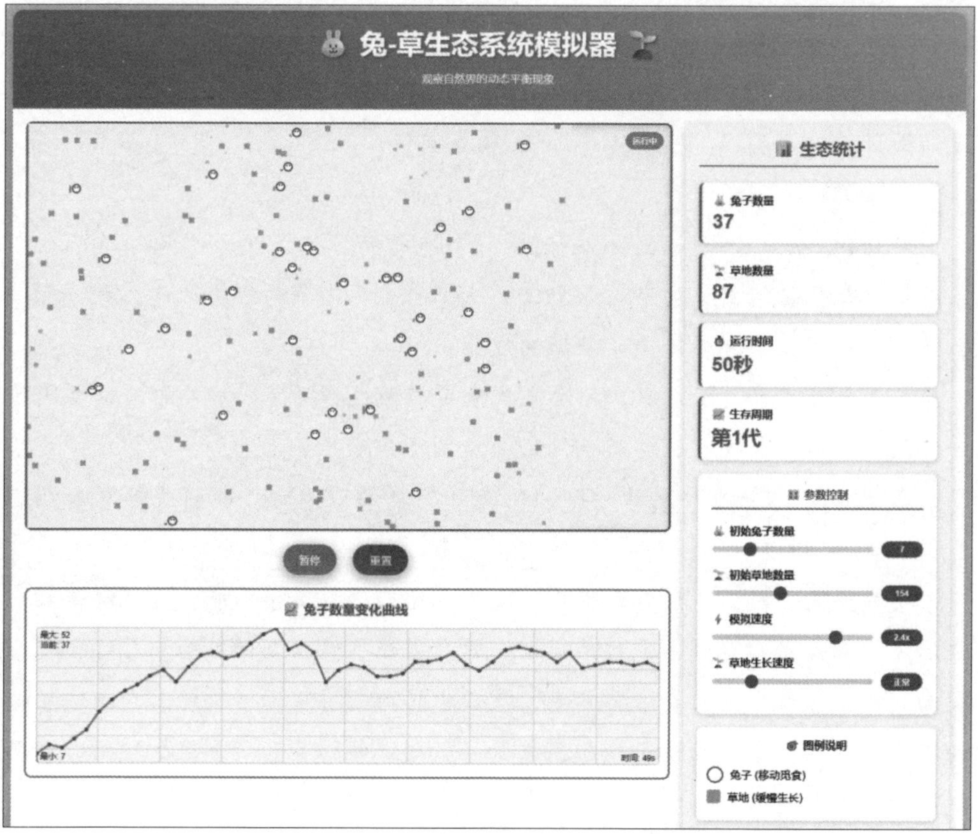

图 3-15　兔—草生态系统模拟器截图

多轮修改后的"狼—兔—草"生态系统完整程序运行截图如图 3-16 所示。

可以看到，上面的提示词非常详细，这是 GAI 能正确编程模拟的保障。但复杂的提示词如何设计呢？解决方法是利用 GAI 设计提示词，对 GAI 进行互动："我将使用 GAI 工具进行 HTML 格式的编程，用于可视化模拟兔—草的生态环境，帮我设计提示词。"然后在此基础上需要教师多次和 GAI 生成的结果互动，保证最后的效果满足预期的逻辑斯谛增长模型或洛特卡—沃尔泰拉模型，以正确模拟不同物种之间的互动。

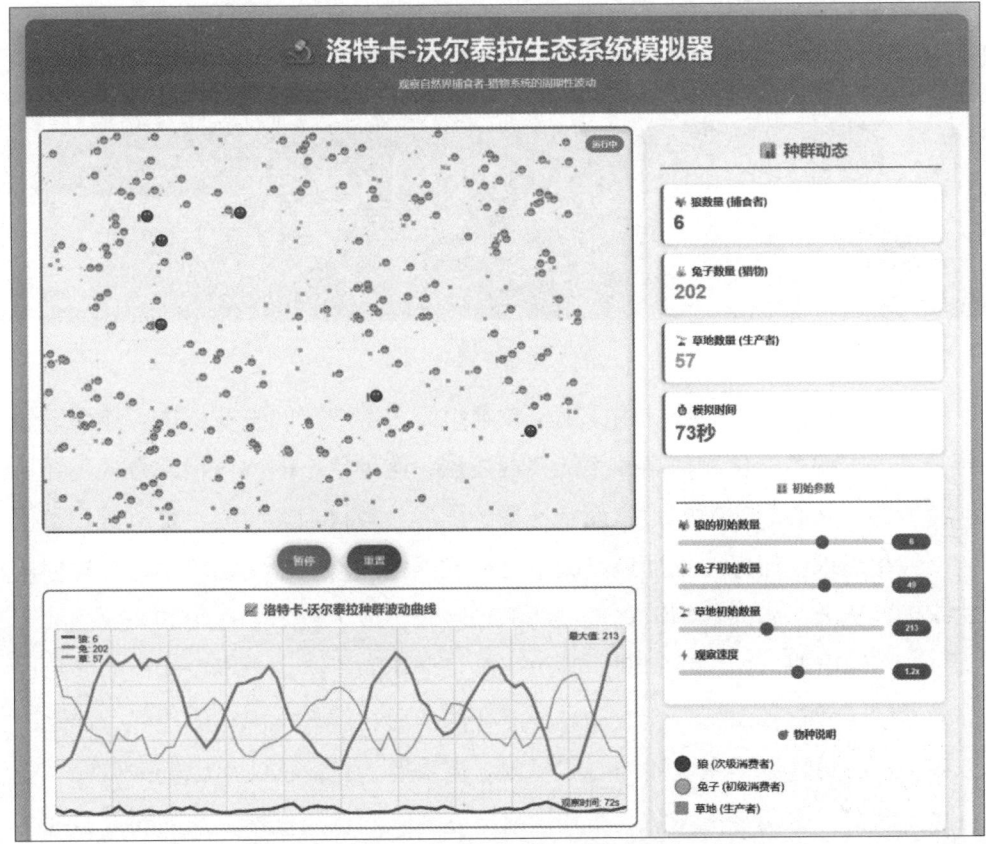

图 3-16　狼—兔—草生态系统完整程序运行截图

学生通过小组合作，利用 GAI 辅助进行生态模型的构建与调试，这一环节不仅是对 GAI 对话、互动能力的锻炼，更是对多项核心素养的深度融合与实践。学生通过建模探索，将抽象的生态学概念——环境承载力、捕食关系、系统稳定性，转化为可交互、可视化的动态代码，这检验并提升了他们理论联系实际的能力、系统思维与分析能力、批判性思维以及团队协作精神。整个模拟与设计过程，是对生态平衡的深入理解过程，也是学生在面对复杂问题时，运用科学方法寻求可持续解决方案的实战演练。

第四章 教学内容组织：GAI 如何辅助教师拓展教材边界

在传统的教学中，教材和课标是教师组织教学内容的主要依据。然而，随着教育需求的多样化和信息技术的飞速发展，这种单一的内容组织方式已经显得有些力不从心。教师们常常面临这样的困境：教材内容有限，难以满足学生的个性化需求；课标要求抽象，教学目标难以精准落地；学生的学习兴趣和认知水平差异大，如何让知识真正被理解和吸收，成了教学工作中的一大挑战。

GAI 的出现，为这些问题的解决提供了全新的思路。它不仅能帮助老师更高效地解读教材和课标，还能通过智能化的手段拓展教学内容的边界，让知识以更丰富、更贴近学生认知的方式呈现。更重要的是，GAI 可以辅助设计"先行组织者"，帮助学生在学习新知识时建立清晰的认知框架，从而实现有意义的学习。

本章将从以下三个层面展开。

（1）先行组织者策略：如何利用 GAI 设计有效的学习"脚手架"，帮助学生更好地理解和内化知识。

（2）解读教材和课标：如何借助 GAI 精准拆解课标要求，明确教学目标，让教学更有方向感。

（3）拓展教学内容的边界：如何通过 GAI 获取多样化的教学资源，打破传统教材的局限，让课堂内容更鲜活、更贴近现实。

通过这些探索，我们希望能为教师们提供一套切实可行的工具和方法，让教学内容组织变得更智能、更高效，也让学生的学习体验更丰富、更深刻。

第四章 教学内容组织：GAI 如何辅助教师拓展教材边界

第一节
先行组织者策略：实现有意义学习

为了更好地理解美国教育心理学家奥苏贝尔的"有意义学习"概念，我们需要先构建一个理论框架，为后续讨论奠定基础。奥苏贝尔提出的有意义学习理论，强调学习者通过将新知识与已有认知框架中的相关概念建立联系来实现学习的过程。这种学习方式不仅关注信息的记忆和复述，更注重知识的理解和应用，使学习者能够在新的情境中灵活使用所学知识。基于此，探讨奥苏贝尔所指的"有意义学习"的具体内容及其实施策略，有助于我们设计出更加有效的教学活动，促进学生的深度学习和长时记忆。接下来，我们将详细解析奥苏贝尔的"有意义学习"到底是什么，并探索其在实际教学中的应用方法。

一、先行组织者策略说明

在本节中，我们将共同探讨奥苏贝尔的有意义学习理论框架，了解 GAI 平台如何运用这一理论帮助我们解读课标。同时，我们会介绍先行组织者策略的意义，并展示 GAI 平台是如何借助这一策略来拓宽教材的应用范围、为教学带来更多可能性的。这样不仅能让理论与实践更好地结合，也为提升教学质量提供了新思路。

（一）有意义学习理论框架及其在解读课标中的应用

奥苏贝尔的"有意义学习"到底是什么？想象一下这样的场景：学生背下了"牛顿第一定律"的内容，但遇到自行车刹车时为什么会摔倒的问题，却完全不会解释——这就是典型的"机械学习"。而有意义学习，就像把新知识变成乐高积木，稳稳地插在学生已有的认知框架上。

奥苏贝尔提出，真正的学习不是"死记硬背"，而是新旧知识发生实质联系的过程。比如，学生原本知道"力会改变物体运动状态"（旧知识），当学习"惯性"概念时，如果能用刹车时人向前倾的现象（新知识）与之联结，知识就不再是孤立的碎片。

奥苏贝尔特别强调，有意义学习需要满足两个条件：（1）学习材料本身必须具有逻辑意义，即知识本身是可理解的；（2）学习者必须具备有意义学习的心向，即学生有主动将新知识与已有知识建立联系的意愿和能力。

传统的备课过程往往如同"大海捞针"，教师需要逐字逐句分析课标中的抽象要求，例如"理解细胞呼吸过程""培养科学探究能力"等。而GAI的出现，为教师提供了强大的认知导航工具，能够自动抓取课标中的关键词，帮助教师精准定位教学内容。

第一是知识锚点。GAI能够自动标出课标中的核心概念，例如"细胞呼吸三阶段"，帮助教师快速锁定教学重点。

第二是能力阶梯。GAI能够将抽象的能力要求，如"科学探究能力"，拆解为具体的教学步骤，例如"提出问题→设计实验→数据分析"，使教学过程更加清晰。

第三是素养落点。GAI能够将课标中的素养要求转化为真实案例，例如"新冠疫苗研发中的科学家精神"，帮助学生更好地理解社会责任感。

（二）先行组织者策略的意义及应用

为什么需要"先行组织者"？很多教师都有这样的经历，刚讲完一个新概念，学生却一脸茫然地问："老师，这和之前学的知识有什么关系？"这就是认知断层。

先行组织者就像一个"认知导游"，在正式学习前给学生一张知识地图。比如，在讲"辛亥革命"前，先展示一张"中国近代救亡图存运动脉络图"，标出太平天国运动、戊戌变法的位置，再引出辛亥革命的独特性。这种策略能激活学生已有的历史认知框架，让新知识"有地方落脚"。

GAI就像一位超级智能教师，它不仅知道所有知识的最佳学习顺序，还能根据学生学习知识的速度和方式，预测出学生可能会在哪里遇到困难或者遗漏了哪一部分知识点。GAI先行组织者策略是一个能动的、适应性的学习支持系统，其核心在于通过系统化和逻辑化的知识序列安排，优化学生的学习路径，提高学习效率。

当教材遇见热点时，GAI能够实时生成认知桥梁。传统教材的内容往往滞后于现实，而GAI能够生成与时俱进的内容，例如：GAI能够生成"从天花到mRNA：人类抗疫史"时间轴，帮助学生理解疫苗发展的历史脉络，并用"快递员送包裹"比喻mRNA工作原理，将抽象概念具象化。它还能够自动关联跨学科知识，例如生物学（病毒结构）+伦理学（疫苗分配公平），拓宽学生的视野。

当抽象概念具象化时，GAI能够一键生成认知脚手架。以物理老师讲"电势差"为例，GAI能够推送水电势差类比动画，例如"水从高处流向低处"，帮助学生理解电势差的概念。除此之外，它还能够生成学生常见误解清单，例如"87%的人误以为'电压是电子的速度'"，帮助教师有的放矢。

当单科知识变得立体时，GAI能够自动编织知识网络。以历史课"新航路开辟"为例，GAI能够生成3D航海路线图（地理维度），帮助学生直观理解航海路线，并生产对比郑和下西洋与哥伦布航行的目的差异表（政治维度），拓展学生的比较思维。除此之外，它还能够推送"一块胡椒引发的革命"微课（经济维度），让学生理解新航路开辟对全球经济的影响。

GAI不仅能够帮助教师精准解读课标，还能拓展教材的边界，让教学内容更加生动、立体。

通过结合奥苏贝尔的有意义学习理论和先行组织者策略，GAI能够为学生提供个性化、动态化的学习资源，帮助他们更好地完成知识的建构过程。

二、关键技术说明：GAI平台赋能教学实践

在深入讨论GAI平台如何改进教学之前，了解选择合适的技术工具及其与教育的契合度是非常重要的。选择一个既能满足教学需求又能促进教学目标实现的平台，可以大大提升教学效果和学生的学习体验。因此，接下来我们会详细介绍技术平台的选择标准，尤其是这些标准与实际教学需求之间的匹配程度。

课程增效：生成式人工智能打造优质课堂

技术平台选择标准与教育适配性

当我们准备利用 GAI 解读课标和扩展教材内容时，如何选择合适的技术工具呢？这就需要我们了解不同 GAI 的不同特点。图 4-1 对比了市面上常见的 GAI 平台在课标解读和拓展教材内容方面的特点。

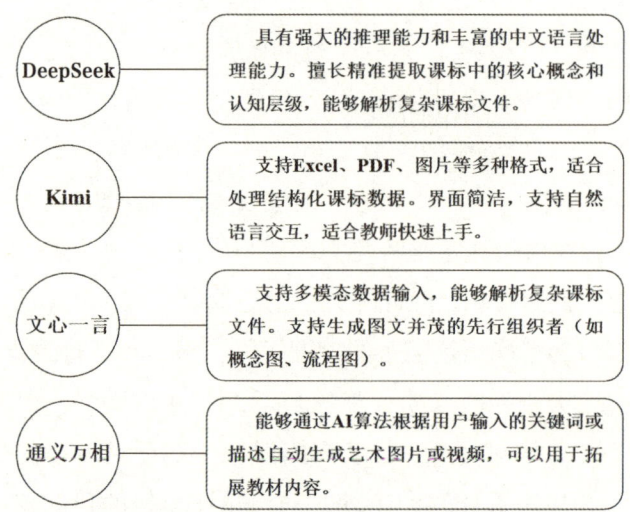

图 4-1 对比市面上常见的 GAI 平台在课标解读和拓展教材内容方面的特点

根据图 4-1 给出不同应用方面的平台选择建议如下。

（1）深度课标解析：推荐 DeepSeek/Kimi。

（2）多模态教材拓展：推荐文心一言/通义万相。

【操作案例 4-1】典型应用场景与提示词设计

现在大家已经了解了常用的 GAI 平台，那么我们如何与 GAI 进行有效的互动呢？这就需要我们在 GAI 平台给出的对话框中输入提示词，对于提示词中的需求，需要表达明确。

1. 课标解读与先行组织者生成

提示词设计：

"基于人教版初中物理'力与运动'单元课标要求：（1）提取 3 个核心

概念锚点；（2）生成比较性组织者（牛顿定律与惯性定律）；（3）设计包含实验视频链接的多模态导学案。要求：符合认知负荷理论，设置两处预设认知冲突。"

2. 教材拓展与认知同化设计

> **提示词设计：**

"针对'辛亥革命'教材内容：（1）构建救亡图存运动概念网络图；（2）生成3个文化适配的类比组织者；（3）设计包含虚拟博物馆访问的拓展任务。"

当我们打算用 GAI 来解读课标和扩展教材内容时，挑选一个合适的技术平台是很重要的。在实际使用中，通过运用合适且准确的提示词与 GAI 顺畅交流，是提高效率的关键。

第二节
解读教材课标：理解教材课标，明确教学目标

解读课标有助于教师更好地理解其内容并明确教学目标。不过，课标里有时会有一些比较抽象的概念，单靠教师自己去解读，可能会很费劲且难以让学生深入理解其真正含义。甚至有时候，学生即使明白了课标的要求，也不知道该怎么具体操作。这时候，我们可以借助 GAI 平台来解读课标，明确教学目标，规划教学路径。

一、课标四维解析：从"模糊要求"到"清晰路径"

在数学学科的课标中常出现"理解函数概念""培养数学建模能力"这样的表述，但具体怎么教、教到什么程度，往往让教师头疼。GAI 可以把这些抽象要求拆解成可操作的维度。

【操作案例 4-2】知识维度：抓取核心概念

对于解读课标，特别推荐 Kimi 平台，它在识别扫描图片格式的 PDF 文件方面表现出色。课标文件是以扫描件形式存在的，因此推荐 Kimi 平台对课标进行分析。接下来，以数学学科的课标为例，我们给 Kimi 平台输入提示词"请对数学课程标准进行分析，从知识维度，抓取核心概念"后，Kimi 抓取了课标中的核心概念并给出了知识维度的分析（见图 4-2）。这些分析内容对一线教师具有一定的参考价值。

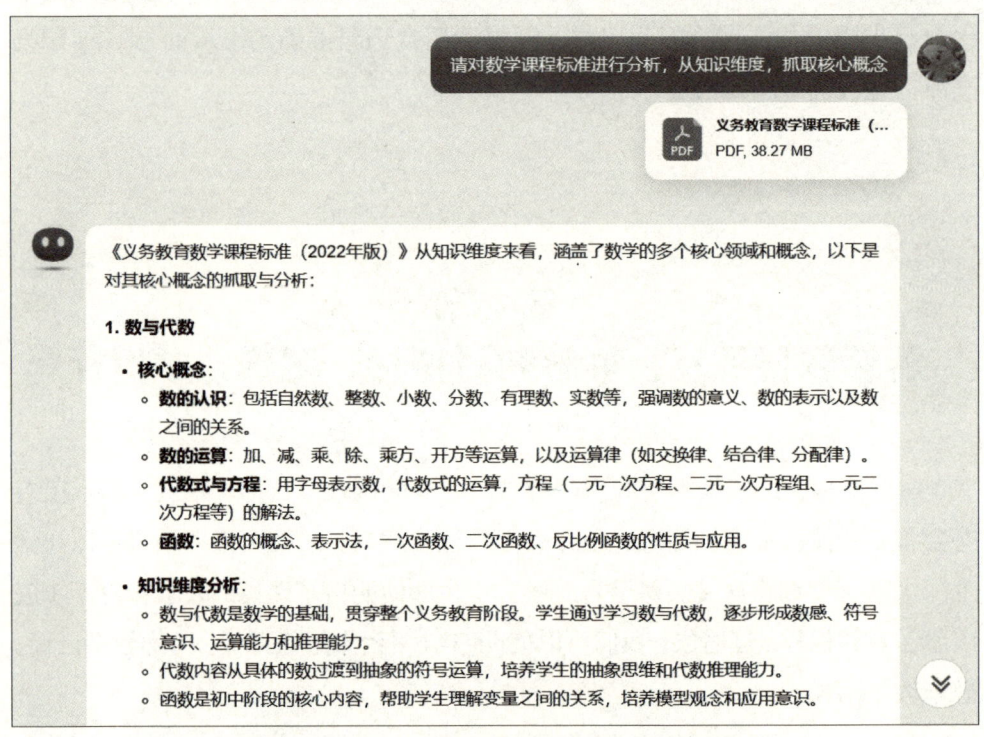

图 4-2　Kimi 平台从课标中抓取核心概念

【操作案例 4-3】能力维度：拆解学科能力为具体动作

核心概念能帮助我们明确学生在数学学习中需要掌握的内容，以及他们应达到的能力水平。为了更好地落实课标，我们需要进一步将这些学科能力细化为具体的动作。在上一个对话的基础上，给 Kimi 新的提示词"数学课程标准中提到的具体动作有哪些？"即可（见图 4-3），不必重新上传课标文件。

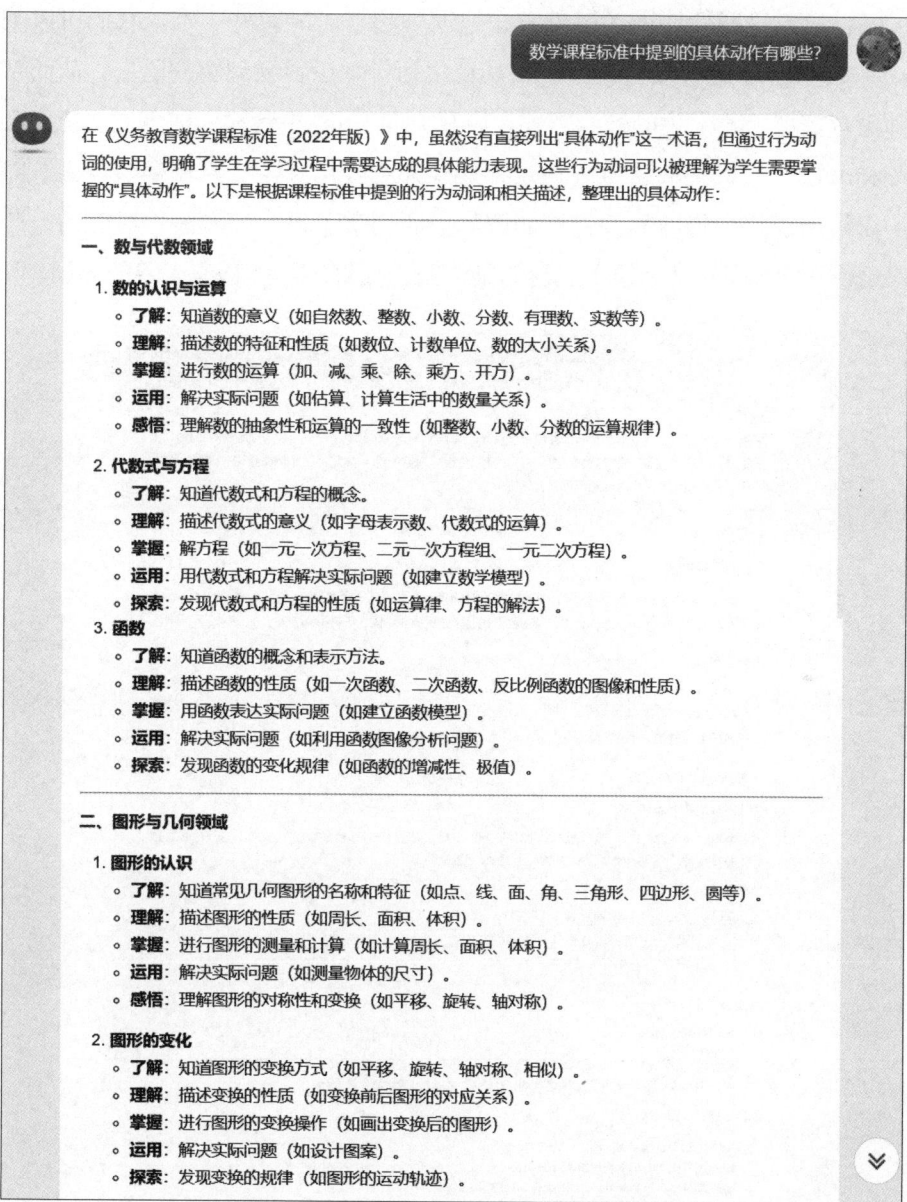

图 4-3　Kimi 平台拆解学科能力为具体动作

【操作案例 4-4】素养维度：将核心素养转化为学生能理解的语言

核心素养是课标中的关键部分，但理解起来可能有些困难。我们可以利用 Kimi 平台来解读这些核心素养，将其转化为学生更容易理解的语言，从而帮助教师更有效地培养学生的核心素养。当我们向 Kimi 平台输入提示词"请对数学课程标准进行分析，从素养维度，将核心素养转化为学生能理解的语言"时，它不仅给出了每个核心素养详细的解释，还列举了每个核心素养对应的一些具体表现例子（如图 4-4 所示），这有助于我们更好地理解核心素养的内涵。

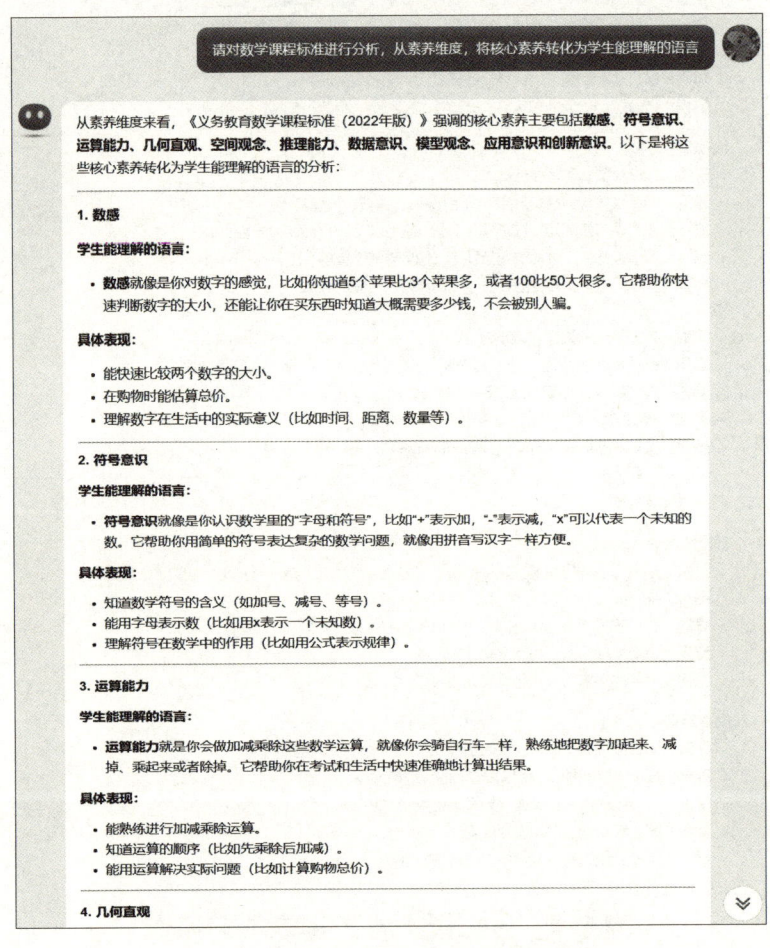

图 4-4 Kimi 平台解读课标中的核心素养

【操作案例 4-5】价值观维度：挖掘学科背后的文化价值

当我们解读课标时，除聚焦核心概念、学科能力和核心素养之外，也应该留意学科背后蕴含的文化价值。在 Kimi 平台，我们输入提示词"请对数学课程标准进行分析，价值观维度，挖掘学科背后的文化价值"后，可以获得许多有价值的启示，例如数学与中华优秀传统文化、数学与科学精神、数学与社会生活等方面的启示（如图 4-5 所示）。这样不仅能丰富我们的教学内容，还能增强学生的学习兴趣和文化认同感。

图 4-5　Kimi 平台挖掘学科背后的文化价值

3. 数学与社会生活

- **文化价值体现**：
  - 数学课程标准强调数学与社会生活的紧密联系，通过解决实际问题，让学生理解数学的应用价值，培养他们的社会责任感和公民意识。
  - 课程中融入了与生活相关的数学问题，如购物、理财、测量等，帮助学生理解数学在日常生活中的重要性。
- **具体案例**：
  - **购物与理财**：通过学习货币单位、计算总价和找零，培养学生的理财能力和经济意识。
  - **社会调查**：通过统计和数据分析，让学生了解社会现象，培养他们的社会责任感。

图 4-5　Kimi 平台挖掘学科背后的文化价值（续）

【操作案例 4-6】高中数学"数列"课标解析

Step 1：在对话框中上传课标文件（如图 4-6 所示）。

图 4-6　通过 Kimi 平台对话框上传文件

Step 2：输入相应的提示词（如图 4-7 所示）。

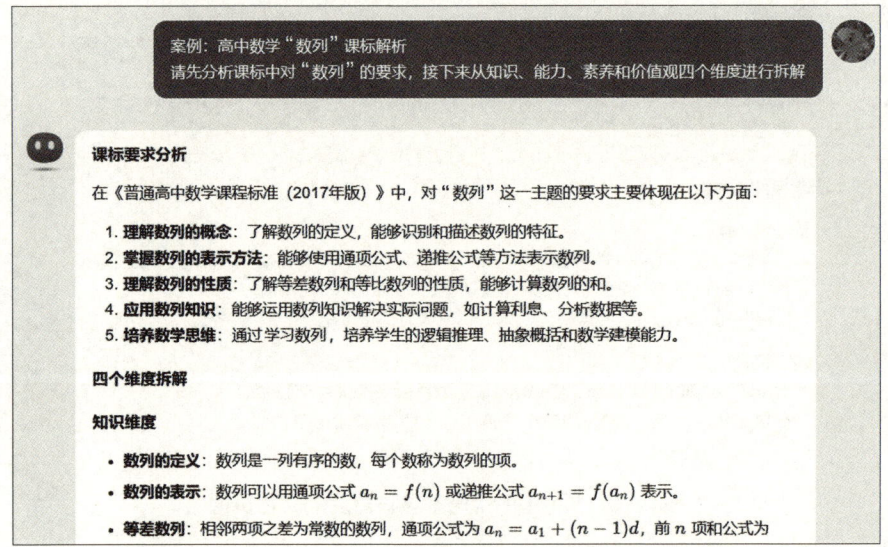

图 4-7　在 Kimi 平台对话框输入提示词获取回答

$S_n = \frac{n}{2}(2a_1 + (n-1)d)$。

- **等比数列**：相邻两项之比为常数的数列，通项公式为 $a_n = a_1 \cdot r^{n-1}$，前 n 项和公式为 $S_n = a_1 \frac{1-r^n}{1-r}$（当 $r \neq 1$ 时）。

能力维度

- **计算能力**：能够准确计算数列的项和数列的和。
- **推理能力**：能够根据数列的性质进行逻辑推理，解决数列相关问题。
- **应用能力**：能够将数列知识应用于实际问题，如计算复利、分析数据趋势等。

素养维度

- **数学抽象**：能够从具体问题中抽象出数列模型。
- **逻辑推理**：能够运用逻辑推理解决数列问题，如证明数列的性质。
- **数学建模**：能够建立数列模型来描述和解决实际问题。

价值观维度

- **数学的实用性**：认识到数列在实际生活和科学研究中的应用价值。
- **数学的美感**：欣赏数列的规律性和对称性，体验数学的美。
- **数学的探索性**：培养对数学问题的探索精神，勇于发现和解决问题。

图 4-7　在 Kimi 平台对话框输入提示词获取回答（续）

二、螺旋式结构：让知识"滚雪球"

数学教材的编排如同"滚雪球"，同一个知识点会在不同年级反复出现，但每次都会增加深度。GAI 平台能够通过标注知识点在各年级的分布情况、生成知识进阶路径图及提示教学衔接点等多种方式，帮助教师清晰地理解这种"螺旋式"上升的结构，从而使教师可以更好地把握教学进度和内容，确保学生的学习效果。

【操作案例 4-7】标注知识点在不同年级的分布情况

以初中数学为例，使用 Kimi 平台可以快速得到人教版初中数学的各个知识点在不同年级的分布情况。当我们给 Kimi 输入指令"所涉及的教材为人教版初中数学，请你标注初中数学的所有知识点在不同年级的分布，以表格形式呈现"后，生成表 4-1。

课程增效：生成式人工智能打造优质课堂

表 4-1　Kimi 平台标注初中数学知识点在不同年级的分布情况表

人教版初中数学知识点分布情况表						
知识点	七年级（上）	七年级（下）	八年级（上）	八年级（下）	九年级（上）	九年级（下）
有理数	引入：概念、分类、运算					
实数		引入：平方根、立方根，初步接触无理数	深化：实数的分类、运算			
整式	引入：概念、加减运算	深化：乘除运算（幂的运算、单项式乘除、多项式乘除）				
因式分解			引入：提公因式法、公式法			
分式			引入：概念、性质、加减乘除运算			
二次根式				引入：概念、性质、运算		
一元一次方程	引入：概念、解法、应用					
二元一次方程组		引入：概念、解法（代入法、加减法）、应用				
一元一次不等式		引入：概念、解法、应用				
一元二次方程					引入：概念、解法（公式法、因式分解法等）、应用	
函数				引入：函数概念、表示方法	深化：二次函数	深化：反比例函数、锐角三角函数
一次函数				引入：概念、图像、性质、应用		

122

续表

知识点	七年级（上）	七年级（下）	八年级（上）	八年级（下）	九年级（上）	九年级（下）
反比例函数				引入：概念、图像、性质、应用		深化：应用
二次函数					引入：概念、图像、性质、应用	深化：与方程、不等式的关系
几何图形初步	引入：点、线、面、体、角的概念					
相交线与平行线		引入：相交线、平行线的性质与判定				
三角形		引入：三角形的分类、内角和、外角性质	深化：全等三角形的判定与性质	深化：等腰三角形、直角三角形的性质		
四边形				引入：平行四边形的性质与判定		
圆					引入：圆的概念、点线圆的位置关系	
图形的变换			引入：轴对称	引入：平移、旋转	深化：中心对称、位似变换	
相似						引入：相似三角形的性质与判定、位似图形
投影与视图						引入：投影、三视图
统计		引入：数据的收集、整理、统计图	深化：数据的分析（平均数、中位数、众数、方差）			
概率					引入：概率的概念、简单事件的概率	深化：用列举法求概率、频率估计概率

【操作案例 4-8】生成知识进阶路径图

Kimi 平台能够根据初中数学的各个知识点在不同年级的分布情况表绘制出数学知识点的进阶路径图。当我们给 Kimi 输入提示词"接下来请你基于上述表格,生成知识进阶路径图"后,生成的初中数学知识进阶路径图如图 4-8 所示。

初中数学知识进阶路径图

1. 数与式

有理数(七上引入) → 实数(七下引入,八上深化)
↓
整式(七上引入) → 因式分解(八上引入)
↓
分式(八上引入)
↓
二次根式(八下引入)

2. 方程与不等式

一元一次方程(七上引入)
↓
二元一次方程组(七下引入)
↓
一元一次不等式(组)(七下引入)
↓
一元二次方程(九上引入,九上深化)

3. 函数

函数概念(八下引入)
↓
一次函数(八下引入)
↓
反比例函数(八下引入,九下深化)
↓
二次函数(九上引入,九上深化)

图 4-8　Kimi 平台生成的初中数学知识进阶路径图

3. 函数

函数概念（八下引入）
↓
一次函数（八下引入）
↓
反比例函数（八下引入，九下深化）
↓
二次函数（九上引入，九上深化）

4. 图形与几何

几何图形初步（七上引入）
↓
相交线与平行线（七下引入）
↓
三角形（七下引入，八上深化）
↓
四边形（八下引入）
↓
圆（九上引入）

5. 图形的变换

轴对称（八上引入）
↓
平移、旋转（八下引入）
↓
中心对称、位似变换（九上深化）

6. 相似与投影

相似（九下引入）
↓
投影与视图（九下引入）

图 4-8　Kimi 平台生成的初中数学知识进阶路径图（续）

课程增效：生成式人工智能打造优质课堂

7. 统计与概率

统计（七上引入，八下深化）
↓
概率（九上引入，九下深化）

图 4-8　Kimi 平台生成的初中数学知识进阶路径图（续）

【操作案例 4-9】提示教学衔接点

　　GAI 平台除能够根据教材生成知识点在不同年级的分布情况表和知识进阶路径图之外，还能够给出教学衔接点的提示。以初中数学为例，给 Kimi 输入提示词"接下来请你根据上面的初中数学知识点在不同年级的分布情况表和知识进阶路径图，提示初中数学教学衔接点"后，它给出的七年级数学教学衔接点提示如图 4-9 所示。

初中数学教学衔接点提示

1. 七年级上册

- 有理数：
  - 衔接点：复习小学阶段的正数和简单的加减运算。
  - 提示：引入负数时，结合实际情境（如温度、海拔）帮助学生理解正负数的意义。

- 整式的加减：
  - 衔接点：复习小学阶段的字母表示数和简单的代数式。
  - 提示：强调同类项的概念和合并同类项的方法。

- 一元一次方程：
  - 衔接点：复习小学阶段的简单方程（如 $x+3=5$）。
  - 提示：从简单方程逐步过渡到复杂方程，强调等式的性质。

- 几何图形初步：
  - 衔接点：复习小学阶段的简单几何图形（如三角形、长方形）。
  - 提示：从具体图形引入点、线、面、体的概念，结合生活实例。

图 4-9　Kimi 平台生成的七年级数学教学衔接点提示

126

2. 七年级下册

- **相交线与平行线**：
  - **衔接点**：复习七年级上册的几何图形初步，特别是线段、射线、直线的概念。
  - **提示**：从相交线引入对顶角、邻补角，再过渡到平行线的性质和判定。
- **实数**：
  - **衔接点**：复习有理数的概念和运算。
  - **提示**：从平方根引入无理数，结合数轴帮助学生理解实数的概念。
- **二元一次方程组**：
  - **衔接点**：复习一元一次方程的解法。
  - **提示**：从实际问题引入二元一次方程组，强调代入法和加减法的解题思路。
- **一元一次不等式（组）**：
  - **衔接点**：复习一元一次方程的解法。
  - **提示**：类比方程的解法，引入不等式的性质，强调解集的表示方法。

图 4-9　Kimi 平台生成的七年级数学教学衔接点提示（续）

【操作案例 4-10】目标矩阵，让教学目标"看得见，摸得着"

传统教学目标往往简单地写为"掌握函数概念"，但这样的描述不够具体，无法明确指出需要掌握到什么程度。GAI 平台能够帮助教师制定具体且可测量的教学目标矩阵，使教学目标更加清晰明确。

接下来以初中数学"一次函数"为例，输入指示词"请你生成一个关于初中数学一次函数的具体且可测量的教学目标矩阵，可以从知识、能力、素养、情感这四个维度展开。"运用 DeepSeek 平台生成的教学目标矩阵如图 4-10 所示。

教学目标矩阵（示例：初中数学"一次函数"）

维度	具体目标	可测量指标	评估方式
知识	1. 掌握一次函数表达式（y=kx+b）的构成与参数意义 2. 理解函数图像与k、b的关系	1. 90%学生能正确写出给定情境的一次函数式 2. 80%学生能通过图像判断k、b符号	1. 随堂测验（选择题+应用题） 2. 图像分析题正确率统计

图 4-10　DeepSeek 平台生成的教学目标矩阵

能力	1. 运用函数解决实际问题（如行程问题） 2. 通过数据绘制并分析函数图像	1. 完成3个应用题的建模与解答 2. 独立绘制误差≤5%的函数图像	1. 项目作业评分（0~5分制） 2. 图像绘制实验报告评分（准确性+步骤完整性）
素养	1. 形成数形结合思想 2. 发展数据建模意识	1. 在案例分析中至少提出2次数形转化方案 2. 小组合作完成真实场景建模任务	1. 课堂观察记录表（转化频次） 2. 建模项目成果展示与答辩评分（0~10分制）
情感	1. 增强数学学习自信心 2. 培养合作探究精神	1. 课后反馈问卷中"我能学好函数"选项≥4分（5分量表） 2. 小组互评贡献度≥80%	1. Likert量表问卷调查 2. 小组互评表（分工合理性+参与度）

图 4-10　DeepSeek 平台生成的教学目标矩阵（续）

第三节
拓展内容边界：获取多样内容，补充传统教材

在探讨如何通过运用 GAI 解读课标之后，接下来我们将目光转向对教材内容的拓展。传统教材虽然系统、全面，但有时可能显得内容单一，缺乏足够的吸引力或深度来激发学生的兴趣和思考。通过引入更多样化的内容资源，如文字、故事等，我们可以极大地丰富教学材料，使其更加生动有趣，并能够满足不同学生的学习需求。这部分涉及图文的生成，推荐的 GAI 平台是文心一言和通义万相。

一、内容拓展：通过文字与故事扩展

通过文字与故事扩展教学内容，不仅可以使课程变得更加生动有趣，还能够帮助学生建立更深层次的理解和记忆。文字和故事具有独特的魅力，它们能

够将抽象的概念具象化，将复杂的理论简单化，使学习过程不再枯燥、乏味。例如，讲述一个历史事件背后的故事或者通过一个文学作品来解释某个科学原理，可以使学生更加直观地感受到知识的实际应用和意义。此外，这种方法还可以激发学生的想象力和创造力，鼓励他们在不同的背景下思考问题，培养他们解决问题的能力。

【操作案例 4-11】融入背景资料，丰富学习维度

教材中的背景资料通常非常有限，因此在备课时我们常常需要查找额外的相关资料进行补充。然而，网络上的信息非常庞杂，筛选出有用的内容往往需要花费大量的时间和精力。使用 GAI 平台就能大大简化这一过程，它可以帮助我们快速生成合适的背景资料，节省备课时间并提高效率。

以初中数学为例，教师在讲代数时，想要融入历史背景，说明"代数"这一概念的历史演变及其在现代科学中的应用，就可以将指示词"给出代数部分的历史背景，说明'代数'这一概念的历史演变及其在现代科学中的应用"输入文心一言平台，它就会自动生成对应的背景资料，如图 4-11 所示。

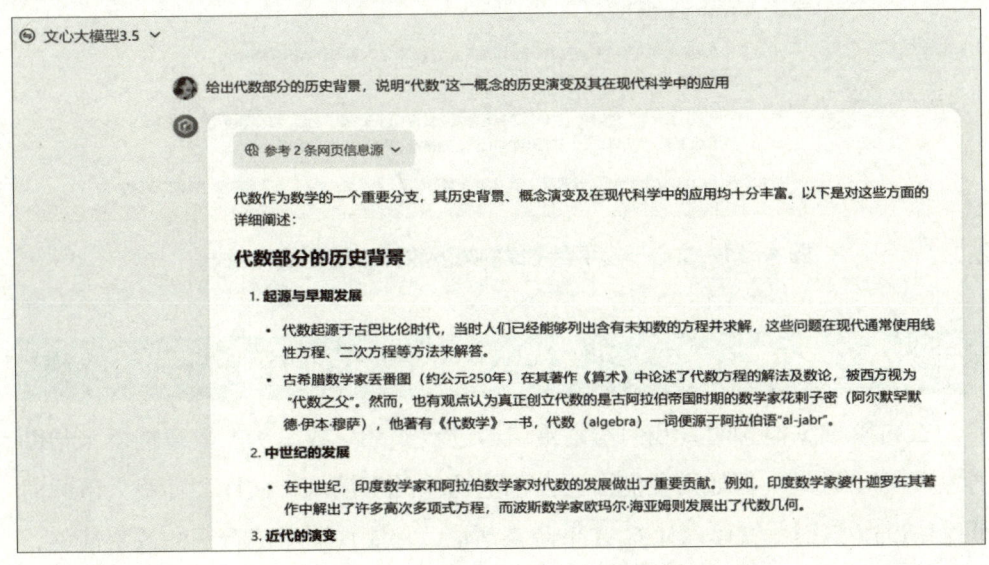

图 4-11　文心一言平台生成的拓展教材的背景资料

> - 16世纪中叶，三次及四次方程的一般代数解得到发展。
> - 17世纪，行列式的概念由日本数学家关孝和提出，并由莱布尼茨等人继续发展，为线性代数的发展奠定了基础。
> - 19世纪，抽象代数开始兴起，专注于研究代数结构，如群、环、域等。
>
> **"代数"这一概念的历史演变**
>
> 1. **从具体到抽象**
>   - 代数最初是处理具体数值问题的工具，如解方程、求根等。
>   - 随着数学的发展，代数逐渐转向对抽象结构和模式的研究，如代数结构、代数系统等。
> 2. **从运算到结构**
>   - 传统的代数主要关注运算和方程，如加法、减法、乘法、除法等基本运算以及方程的解法。
>   - 现代代数则更注重代数结构的性质和规律，如群、环、域等代数结构的定义、性质和分类。
> 3. **分支学科的兴起**
>   - 随着代数的不断发展，其分支学科也逐渐增多。如线性代数、多项式代数、群论、环论等，它们各自研究不同的代数结构和问题。
>
> **在现代科学中的应用**
>
> 1. **数学领域**
>   - 代数是解决各种数学问题的重要工具，如微积分、微分方程、泛函分析等数学分支都依赖代数的概念和方法。
> 2. **物理学与工程学**
>   - 在物理学中，代数被用来描述物体的运动规律、力的平衡以及电磁场等物理现象。
>   - 在工程学中，线性代数等代数分支被广泛应用于结构分析、信号处理等领域。
> 3. **计算机科学**
>   - 代数在计算机科学中发挥着重要作用，如加密算法、数据压缩、图像处理等技术的实现都离不开代数的支持。
> 4. **经济学与金融学**
>   - 在经济学和金融学中，代数被用于风险评估、投资组合优化以及市场预测等方面。
> 5. **其他领域**
>   - 代数还在化学、生物学、密码学等其他领域中发挥着重要作用。例如，在化学中，代数被用来计算化学反应的速率、平衡常数等；在密码学中，代数则被用来构建安全的加密算法和协议。
>
> 综上所述，代数作为数学的一个重要分支，其历史背景深厚、概念演变丰富且在现代科学中有着广泛的应用。

图 4-11　文心一言平台生成的拓展教材的背景资料（续）

【操作案例 4-12】讲述相关故事，使抽象概念生动化

在讲解抽象概念时，我们常常希望通过真实故事或虚构的故事情境来帮助学生更好地理解。但如果我们自己去创造这些故事情境，往往会耗费大量的时间和精力，这时，就可以让 GAI 平台来帮忙，它能快速生成合适的故事情境，节省我们的脑力和时间。

例如，小学数学教师在教"分数"这一概念时，就可以将提示词"请你给分数这一数学概念构造一个故事情境，帮助学生理解"输入文心一言平台，让它生成相应的故事情境，如图4-12所示。

图 4-12 文心一言平台生成的虚构故事情境

【操作案例 4-13】分析应用，理论结合实际

有时候，在讲解完理论知识后，我们希望能搭配上一个实际案例来帮助学生更好地理解。但如果一时没有合适的案例思路，会让人感到头疼。这时，我们可以借助 GAI 平台来快速找到或生成相关案例，使教学内容更加丰富和

具体。

例如在讲等比数列时，我们可以给文心一言输入提示词"请设计一个关于等比数列的现实生活中的实际案例"，如图4-13所示。

图 4-13　文心一言平台生成的实际案例

二、视觉赋能：利用图片和视频辅助教学

在当今课堂上，光靠文字和口头讲解有时很难让学生完全理解复杂的概念。这时候，加入图片和视频就能帮助学生更好地掌握知识。比如，用图表来解释数据的变化，或者播放一段实验视频来展示实际操作过程，可以让抽象的概念变得具体可见。

例如，在讲光合作用时，可以通过 GAI 平台生成一些生动的图片来帮助学生更好地理解光合作用的过程。这里推荐的平台是通义万相。

我们可以将指示词"描述光合作用过程，阳光照射在绿色植物的叶子上，周围有二氧化碳和水分子进入叶子，经过光合作用转化，生成氧气释放到空气中和葡萄糖供给植物使用的情景"输入通义万相，然后单击"生成画作"，就可以得到如图 4-14 所示的四张图片。

图 4-14　通义万相平台生成的光合作用图片

除此之外，我们还可以通过通义万相平台创作与教学内容相关的视频。只需单击平台首页的"视频生成"，然后输入相应的提示词即可，如图 4-15 所示。

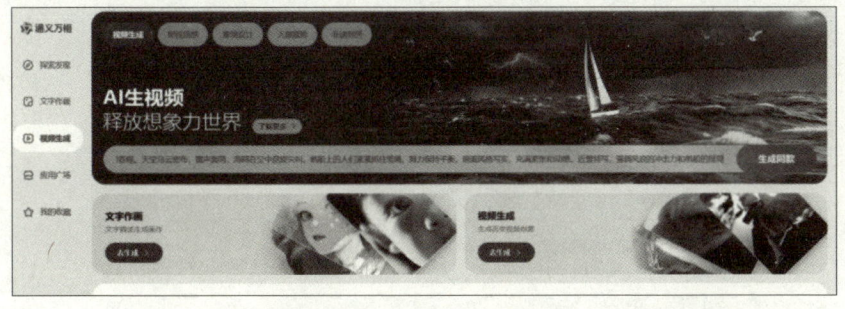

图 4-15　通过通义万相平台创作与教学内容相关的视频

课程增效：生成式人工智能打造优质课堂

综合案例四——应用 GAI 对高中数学"数列"进行课标解析和教材解读

Step 1：打开 Kimi 平台对高中数学"数列"进行课标分析和教材解读。提示词为："请先分析课标中对'数列'的要求，接下来从知识、能力、素养和价值观四个维度进行拆解"，如图 4-16 所示。

案例：高中数学"数列"课标解析
请先分析课标中对"数列"的要求，接下来从知识、能力、素养和价值观四个维度进行拆解

课标要求分析

在《普通高中数学课程标准（2017年版）》中，对"数列"这一主题的要求主要体现在以下方面：

1. **理解数列的概念**：了解数列的定义，能够识别和描述数列的特征。
2. **掌握数列的表示方法**：能够使用通项公式、递推公式等方法表示数列。
3. **理解数列的性质**：了解等差数列和等比数列的性质，能够计算数列的和。
4. **应用数列知识**：能够运用数列知识解决实际问题，如计算利息、分析数据等。
5. **培养数学思维**：通过学习数列，培养学生的逻辑推理、抽象概括和数学建模能力。

四个维度拆解

知识维度

- **数列的定义**：数列是一列有序的数，每个数称为数列的项。
- **数列的表示**：数列可以用通项公式 $a_n = f(n)$ 或递推公式 $a_{n+1} = f(a_n)$ 表示。
- **等差数列**：相邻两项之差为常数的数列，通项公式为 $a_n = a_1 + (n-1)d$，前 n 项和公式为 $S_n = \frac{n}{2}(2a_1 + (n-1)d)$。
- **等比数列**：相邻两项之比为常数的数列，通项公式为 $a_n = a_1 \cdot r^{n-1}$，前 n 项和公式为 $S_n = a_1 \frac{1-r^n}{1-r}$（当 $r \neq 1$ 时）。

能力维度

- **计算能力**：能够准确计算数列的项和数列的和。
- **推理能力**：能够根据数列的性质进行逻辑推理，解决数列相关问题。
- **应用能力**：能够将数列知识应用于实际问题，如计算复利、分析数据趋势等。

素养维度

- **数学抽象**：能够从具体问题中抽象出数列模型。
- **逻辑推理**：能够运用逻辑推理解决数列问题，如证明数列的性质。
- **数学建模**：能够建立数列模型来描述和解决实际问题。

价值观维度

- **数学的实用性**：认识到数列在实际生活和科学研究中的应用价值。
- **数学的美学**：欣赏数列的规律性和对称性，体验数学的美。
- **数学的探索性**：培养对数学问题的探索精神，勇于发现和解决问题。

图 4-16 Kimi 平台生成的高中数学"数列"的课标解析

Step 2：运用 DeepSeek 平台生成"数列"的教学目标矩阵。提示词为："请你生成一个关于高中数学数列的具体且可测量的教学目标矩阵，可以从知识、能力、素养、情感这四个维度展开"，如图 4-17 所示。

教学目标矩阵：高中数列专题

维度	具体目标	可测量指标
知识	1. 能复述等差数列、等比数列的定义及通项公式 2. 能推导等差数列、等比数列前n项和公式 3. 能列举数列在实际问题中的典型应用场景（如利息计算、人口增长）	- 课堂提问中准确回答定义 - 独立完成公式推导的书面证明 - 举例说明3种现实中的数列模型（如作业/测试题）
能力	1. 能运用数列公式解决增长率、递减率问题 2. 能通过观察数列前几项归纳通项公式 3. 能构建递推关系模型解决复杂数列问题（如斐波那契数列）	- 解决含实际背景的5道应用题（正确率≥80%） - 根据给定数列（如2,5,10,17…）写出通项表达式 - 完成递推数列的建模与分析报告
素养	1. 通过数列规律探究培养逻辑推理能力 2. 建立数学建模意识，解释分期付款等经济现象 3. 在开放性问题中体现创新思维（如自编数列应用题）	- 小组讨论中提出至少2种规律猜想并验证 - 撰写案例分析报告（如房贷还款模型） - 设计1道融合生活场景的创新数列题目并附解答
情感	1. 通过趣味数列游戏（如数独、数字谜题）激发学习兴趣 2. 在合作探究中提升团队协作意识 3. 培养解决复杂问题的毅力和严谨性	- 课堂活动中主动参与互动≥3次 - 小组任务中贡献≥2条有效解题思路 - 在错题订正本中记录并分析数列解题失误原因

配套评估工具建议

1. **知识维度**：闭卷测试（定义填空、公式推导、应用题）
2. **能力维度**：项目式学习（如分析某城市人口增长模型）
3. **素养维度**：创新题目设计比赛 + 数学建模报告
4. **情感维度**：课堂观察记录表 + 学习反思日志

通过此矩阵，教师可系统设计教学环节，学生也能明确学习成果的达成路径，实现教、学、评一致性。

图 4-17　DeepSeek 平台生成高中数学"数列"的教学目标矩阵

Step 3：运用文心一言平台生成关于"数列"的拓展内容。提示词为："请设计一个关于等比数列的现实生活中的实际案例"，如图 4-18 所示。

图 4-18　文心一言平台生成的高中数学关于"数列"的拓展内容

Step 4：运用文心一言平台生成"数列"章节的跨学科主题。提示词为："请你生成五个高中数学'数列'章节的跨学科主题，要求新颖且有意义"，如图4-19所示。

图 4-19　文心一言平台生成的高中数学"数列"跨学科主题

第五章 学习资源开发：GAI 如何辅助教师适配个性需求

在传统教学实践中，教育工作者经常发现在教学过程中，学习资源往往局限于课本、教辅、课件等传统教学材料。虽然教师在教学中运用各种方法革新课堂设计，但是学习资料多样性的问题未得到改善，最终也只是"新桃换旧符"。

要想解决这一教育困境，学习资源的开发尤为关键。GAI 以其独特的优势和强大的功能，为教育领域的创新发展带来了前所未有的机遇，尤其在个性化学习方案的制定及多媒体教学资源的供给方面，展现出了巨大的潜力与价值。

第一节 协同开发策略与多媒体整合策略：实现直观教学

教学的一大重要任务是将抽象知识转化为可感知、可探索的体验，即实现直观教学。所谓直观教学，就是在教学过程中，教师通过实物的操作、模型的演示、图表的展览和语言的描绘，使学生在感知的基础上认识事物的本质，形成正确的概念[①]。

---

① 邵明德. 试论直观教学[J]. 课程. 教材. 教法, 1983,(03):26-30.

一、学习资料革新：助力直观教学

在使用 GAI 进行学习资料革新时，我们首先要清楚当前教学中存在的教与学的困境。

（一）学习困境的表现

对于教师而言，目前实现直观教学最好的"教具"当属图片、模型等可视化材料。但是，由于可视化材料制作较文字材料更为困难，并且需要不断更新以适应教学内容的变化，因此，教师在准备这些材料时往往要耗费大量时间和精力。此外，即使教师在教学中使用了丰富的可视化材料，学生的个体差异也可能导致部分学生难以获得较好的学习体验。例如，对于空间想象能力薄弱的学生群体来说，静态化的图片可能难以帮助他们形成动态化认知。

对于学生而言，传统的学习资料往往以文字和静态图片为主，动态化的学习资料较少。同时，由于学生的学习路径和学习能力存在差异，传统的学习资料往往难以满足所有学生的个性化学习需求。因此，如何为学生提供多样化、个性化、直观化的学习资料，成为当前教学中亟待解决的问题。

（二）个性化学习的含义及功能

个性化教育是当代国际教育思想改革的重要标志之一。学习者的学习方式多种多样，学习内容、起点、进度、目标要求千差万别，这催生了个性化学习的产生与发展。

个性化学习的含义可以概括为以下几方面：第一，个性化学习是指针对学生个性特点和发展潜能而采取恰当的方法、手段、内容、起点、进程、评价方式，促使学生各方面获得充分、自由、和谐的发展过程；第二，个性化学习强调，学习过程既是个性的展现和养成过程，也是自我实现和追求个性化的过程；第三，个性化学习在某种程度上揭示出教育与学习的本质区别——教育的起点在于通过教育机构进行的考试选择教育者认为聪明的人进行教育，而学习的起点在于使任何一个人都能在原有的基础上变得更加聪明；教育的过程是教育者使受教育者成为教育者所期望的人的过程，在某种程度上抹杀了人的个性、独立性、反思性、主动性与创造性；而学习的过程则是指学习者成为自己所希望成为的人的过程，最大限度地体现人的个性、独特性、进取性、发展性、潜在性与原创精神。教育永远只能是对少数在经济、资质、时间、内容、方式等各方面"适合"的人来进行的，而学习则不对任何人有偏见[①]。

个性化学习可更好地提升学习效果。在个性化教学中，学生的知识薄弱点得以更好的展现，教师可以根据学生的个性化问题进行精准教学。同时，利用 GAI 技术，学习者个体的学习蓝图得以生成，可更好地满足不同学习风格学习者的需求。

此外，个性化学习还可以显著激发学习者学习动力。个性化学习允许学生根据自己的兴趣选择学习内容与学习方式。相较于传统的"统一教学＋统一教材"模式，学生会对自己选择的学习内容投入更多时间。个性化学习也允许学生按照自己的学习进度前行，从而在一定程度上减小了学生的学习压力。

综上，个性化学习是未来教育改革的一大浪潮。GAI 技术帮助教育工作者精准定位学习者个体化差异。但是，不同学习内容适配的人工智能技术总是有差别的，协同开发策略通过将不同人工智能技术优势与教育教学匹配，提升了个性化学习的可操作性。

（三）直观教学的作用

夸美纽斯将直观教学的过程概括为"感官－记忆－理解－判断"。直观教学可通过多感官的调动，实现知识对感官的刺激，以加强学习者对知识的记忆，进而增强后续的理解与判断阶段。例如，利用动态图片材料，学习者可以清楚地了解喀斯特地貌的形成过程；利用 3D 模型，学习者可以观察到不同生物的细微差异。

直观教学将抽象化为具象，有利于对学习者逻辑思维的培养。从思维意义上说，逻辑思维具有一定的线性特点，形象思维可以被看作逻辑思维的初级发展阶段。而形象思维则先以图像、直观模型的方式呈现，再进行问题的探

---

① 李广，姜英杰. 个性化学习的理论建构与特征分析[J]. 东北师大学报（哲学社会科学版），2005,(03):152-156.

究[①]。将抽象的知识概念转化为具象材料，需要对问题的独特理解。

直观教学可以有效地培养学习者的想象力。现实情境可以激发人的灵感，使学习者在可视化材料的基础上探索知识的更多可能。例如，在教授"力与运动"这一课时，通过教师展示动画、模拟物体在不同作用力下的运动轨迹，学习者不仅可以直观感受不同作用力的效果，还可以由此衍生出现实中的场景。

直观教学还可显著降低学习成本。抽象性的概念往往需要耗费学习者大量时间进行理解，若缺少教师引导，甚至可能出现理解偏差，导致学习效率降低。直观教学通过可视化材料，让抽象的理论"活起来"，搭建起现实生活与抽象世界的桥梁。

综上，直观教学在教育领域具有不可替代的作用。而 GAI 技术的出现，为直观教学提供了更为丰富和多样的手段。通过 GAI 技术，教师可以轻松地获取和制作各种具象学习资料，如动态图片、3D 模型等，从而提升学习效果。多媒体整合策略是对可视化材料的系统性、综合性整合。通过 GAI 技术多维度应用可视化材料，可提升直观教学的教学效果。因此，我们有理由相信，在未来的教育发展中，GAI 技术将发挥越来越重要的作用，为教育生态的发展注入新的活力。

二、协同开发策略说明

2010 年发布的《国家中长期教育改革和发展规划纲要（2010—2020 年）》就已经明确指出："树立多样化人才观念，尊重个人选择，鼓励个性发展，不拘一格培养人才""关注学生不同特点和个性差异，发展每一个学生的优势潜能"。此后，个性化教育的研究更加深入，研究者们开始使用更加多样的研究方法探索不同学科个性化教育的实施策略。

[①] 冯崇和. 几何直观：探索解决小学数学问题的重要手段 [J]. 内蒙古师范大学学报（教育科学版），2014,27(08):120-123.

[课程增效：生成式人工智能打造优质课堂]

但是，个性化教学在实施过程中却面临着各种各样的困难与挑战。在学校教学中，一位教师通常需要负责多个班级的教学任务，学生总数达到几十人甚至上百人。每个学生都有着自己的学习路径。如何因材施教、充分发掘他们的个性化潜能，是教师面临的重要课题。

好消息是，随着 GAI 的发展，教师有了解决这一课题的新工具。GAI 在文本生成、图像制作、创意构思、方案优化、数据分析等方面有着强大的能力，而如何使用种类繁多的 GAI，是教师面临的又一难题。

2023 年教育部颁布的《基础教育课程教学改革深化行动方案》中提出：要"推进数字化赋能教学质量提升。充分利用数字化赋能基础教育，推动数字化在拓展教学时空、共享优质资源、优化课程内容与教学过程、优化学生学习方式、精准开展教学评价等方面广泛应用，促进教学更好地适应知识创新、素养形成发展等新要求，构建数字化背景下的新型教与学模式，助力提高教学效率和质量。建好用好国家中小学智慧教育平台，丰富各类优质教育教学资源，引导教师在日常教学中有效常态化应用。全面总结'基于教学改革、融合信息技术的新型教与学模式'实验区经验，推出一批数字化应用的典型案例。"教育部部长怀进鹏在由教育部、中国联合国教科文组织全国委员会、上海市人民政府共同举办的 2024 世界数字教育大会的主旨演讲中提到，要"更智能化发展数字技术，服务人的全面发展"，教育部将实施人工智能赋能行动，促进智能技术与教育教学（AI for Education）、科学研究（AI for Science）、社会（AI for Society）的深度融合，为学习型社会、智能教育和数字技术发展提供有效的行动支撑。

数字化赋能教育是教育改革的潮流，GAI 作为数字技术的一大代表性产物，应当在实践中与教育更紧密地融合。这与下文的协同开发策略有着紧密关联。

协同开发策略指根据不同 GAI 的独特优势，将其对应优势功能模块与教育教学相关领域匹配，以实现 GAI 在教育教学领域的价值最大化。

在下一节中，本书将系统地总结各个 GAI 的优势，并利用生动翔实的案例，帮助读者更好地将 GAI 运用于教学。

三、多媒体整合策略说明

在信息时代，多媒体资源呈现出前所未有的丰富性和快速迭代性。这些资源涵盖了视频、音频、图片、动画等多种形式，它们以生动形象、直观易懂的特点，为教学内容的呈现提供了多样化的途径。优质的课件不再局限于文字和图表的堆砌，而是融合了多种媒体元素，通过色彩、声音、动态效果等的有机结合，使教学内容变得更加丰富多彩、引人入胜。这种多样化的呈现方式不仅能够吸引学生的注意力，激发他们的学习兴趣，还能帮助学生更好地理解和记忆知识，增强课堂的欢乐氛围，进而提高学习效果。如今，只有极少数老师上课不用PPT，可以说多媒体教学课件已经成为与过去的黑板＋粉笔一样重要的教具。

尽管多媒体资源在教学中具有诸多优势，但是除以上提到的学习困境外，教师在获取和整合这些资源的过程中同样困难重重。教师的专业知识主要集中在学科教学或跨学科教学的一些特定领域，核心任务是为学生提供准确、客观的知识讲解和学术指导。在多媒体资源的整合与制作方面，教师往往缺乏专业的技能和足够的时间。图片编辑、视频剪辑及制作具有丰富特效的幻灯片等工作，不仅需要教师掌握专业的软件操作技能，还需要他们耗费大量的时间和精力。这无疑会增加教师的工作负担，使其不得不从原本用于教学研究、与学生互动交流的时间中挤出一部分来完成这些任务，从而影响教师的工作效率和教学质量，对教学的顺利开展不利。除我们目前较为常见的视频、音频、图片等外，还有VR、AR等新型技术产品，也逐渐进入教育视野。对于教育而言，这些教学工具能够使如今复杂多样的知识、概念变得直观可感，从而大大地减轻教师的教学负担，提高教学效率。但实际上我们想要将这些技术灵活运用到教学实践中，依然困难重重。

GAI的出现，为解决这些问题提供了有效的途径。它能够根据教师的教学需求和教学目标，快速、精准地筛选和整合各类多媒体资源，并自动生成高质量的教学课件。教师只需输入简单的指令，GAI就能在短时间内完成复杂的资源整合和制作工作，从而大大减轻了教师的工作负担，使教师能够将更多的时间和精力投入教学研究和学生指导中，进一步提升教学质量和教学效果。

课程增效：生成式人工智能打造优质课堂

并且利用 GAI 生成教学材料，可以打破已有资源的界限，实现教学材料对教学内容的全面覆盖。

这里提到的多媒体整合资源策略就是指利用 GAI 强大的创造能力来生成丰富多样的文字、图片、视频、音频、动画等一系列教学所需的多媒体资源，以及依赖 GAI 强大的算法以及阅读、浏览网页等资源的能力在较短时间内筛选、整合出教学所需要的各种多媒体资源。利用 GAI，使原本要花费大量时间精力来搜索或制作的教学材料，可以在较短时间，花费较少精力完成，打造直观、沉浸式课堂。同样，节约的时间也将会进一步回馈到学生身上，对于弥合大班教学下的环境带来的教学困难同样有所裨益。

本章第三节将对多媒体资源整合策略做进一步介绍，探讨 GAI 如何生成直观化教学材料，怎样充盈课堂。

第二节
定制个性化材料：依学生差异定制适配的学习资料

本节将依托协同开发策略，系统介绍各个 GAI 的优势与其在适配学习资料定制上的应用，带领教师掌握利用 GAI 高效定制个性化学习材料的实用技能。我们将深入探讨学生个体差异对其学习目标、学习需求、学习路径的影响，以及如何利用 GAI 技术针对学生差异定制适配的学习资料以提升学生学习效果，同时减小教师工作量。

一、GAI 核心优势分析

（一）KimiChat：长文本加工引擎

GAI 通过综合应用深度学习架构（如 Transformer）、大规模数据训练、注意力机制、预训练与微调等技术，实现了对海量信息的处理。

KimiChat支持最多20万字的输入和输出（包括单次输入和多轮对话累计）。对于长对话，KimiChat通常会按照如图5-1所示步骤进行处理。

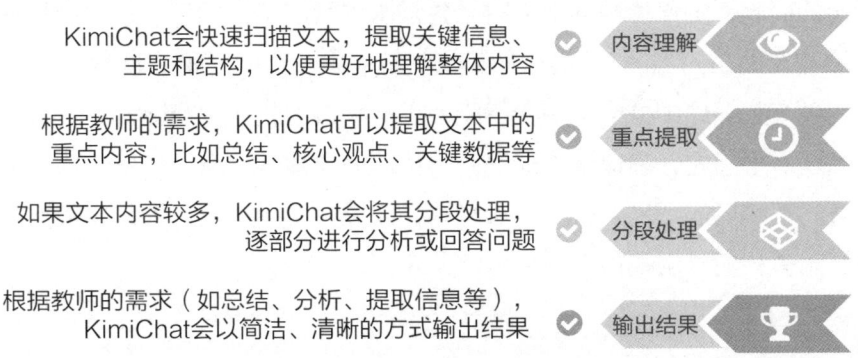

图 5-1　KimiChat 长对话处理步骤

同时，KimiChat拥有强大的文档解析能力，可以处理多种格式的文件，包括TXT、PDF、Word文档、PPT幻灯片和Excel电子表格等（如图5-2所示）。

但是，KimiChat也有其缺陷。KimiChat无法处理图像、音频、视频等非文本内容，无法解析文件中的格式化样式（如字体、颜色等），同时，KimiChat也无法创建或修改文件，只能提取和分析文件中的内容。

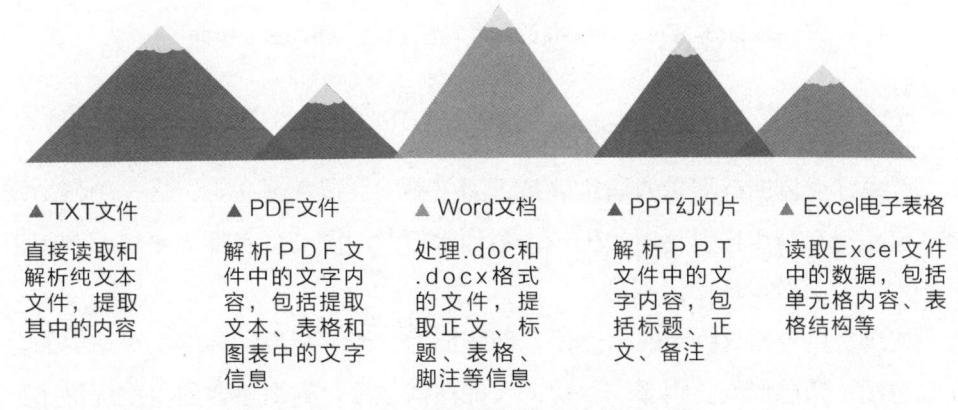

图 5-2　KimiChat 可解析文件内容

（二）DeepSeek：逻辑链拓展

DeepSeek 的深度思考（R1）模式完整展示出问题思考路径。根据官方给出的深度思考（R1）模式介绍：首先，DeepSeek 会对问题进行分析，理解学生提出的问题，确保能精准地针对学生需求进行回答；然后，系统会从其数据库（需补充的是，当开启联网搜索后，DeepSeek 会同时检索网络信息，而不仅仅在现有数据库中检索）中检索相关信息；接着，在生成回答时，系统会从多个角度考虑问题，确保学生能够获得更全面的理解；最后，系统会生成结构化回答。教师只需上传学生作业等材料，系统会自动进行分析，并根据上述步骤进行思考，为学生提供个性化解答（见图 5-3）。

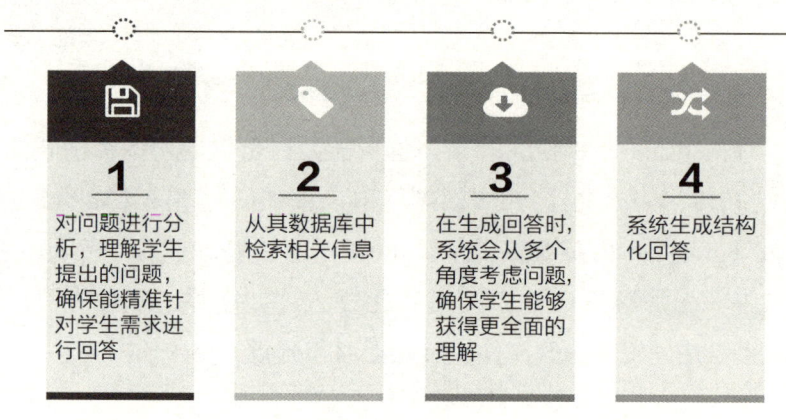

图 5-3　DeepSeek 的深度思考（R1）模式思考步骤

（三）豆包：对话式深度推理

首先，豆包拥有海量的信息储备，涵盖科学、技术、文史、文化等各个领域。这使得在与用户对话时，无论面对何种复杂问题，豆包都能够快速调用相关知识，为深度推理奠定基础。

其次，豆包拥有强大的自然语言理解能力，能够精准把握用户对话中的含义、意图及情感倾向。再者，豆包的智能体搭建平台为海量普通用户提供了创建独属于自己的智能体的机会。例如，智能体可以扮演学生角色，为引导型教师提供授课思路。其创建界面如图 5-4 所示。

第五章　学习资源开发：GAI 如何辅助教师适配个性需求

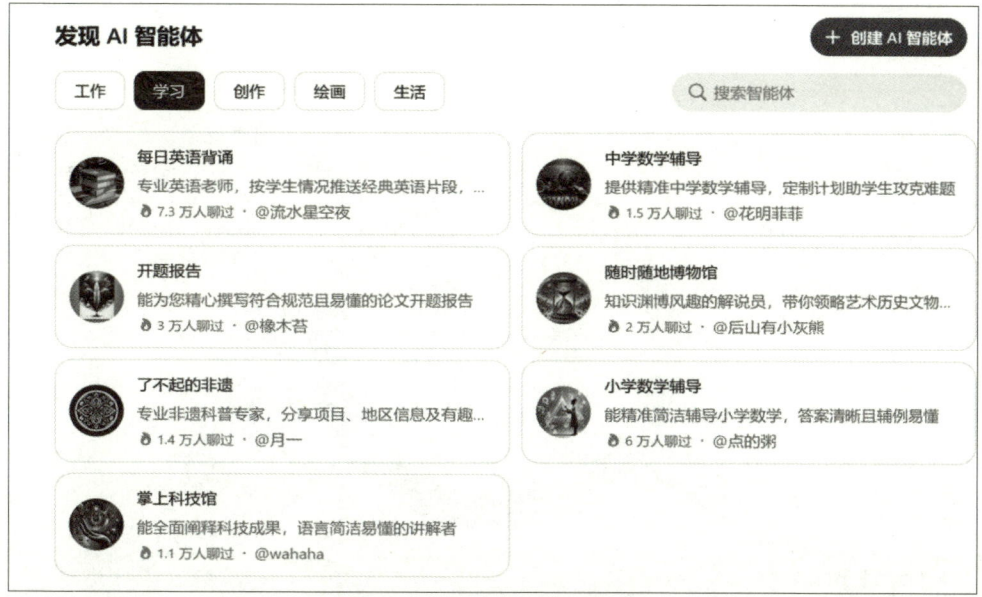

图 5-4　豆包智能体创建界面

二、学习进度分类

在传统教学中，教师面对学生学习进度差异显著的情况，往往束手无策。在教学时间固定的背景之下，若一味强调知识深度，新手学习者往往一头雾水，整节课都无法跟进；若一味讲解基础性知识，已经熟练掌握该知识点的学习者则一节课毫无收获。运用 GAI 技术，教师可以针对性地进行教学设计，达到事半功倍的教学效果。

【操作案例 5-1】新手阶段——知识脚手架搭建

知识脚手架的概念源自建筑领域脚手架的概念，是指在学习过程中，为帮助学习者更好地理解和掌握新知识，由教师、教材或学习工具等提供的一种支持性结构或框架。它就像建筑施工中的脚手架一样，为学习者搭建起一个暂时的辅助架构，帮助他们逐步构建自己的知识体系，当学习者能够独立完成学习任务时，这个脚手架就可以逐渐拆除。

147

知识脚手架主要有问题支架、范例支架、图表支架和提示词支架四种类型（见图5-5）。

图5-5　知识脚手架类型介绍

知识脚手架搭建的核心即为知识点的拆解，KimiChat的长文本解析能力，能够为新手学习者解析学习资料，将其按照一定知识结构进行知识脚手架搭建。

拆解知识点应遵循逻辑性原则（由深入浅、因果关联、结构清晰）、独立性原则（内容单一、相对独立）、完整性原则（覆盖全面、深度适宜）、实用性原则（结合应用、符合需求）和渐进性原则（小步前行、逐步拓展）。

示例操作：

以人教版《高中地理必修一》第三章"海水的运动"知识点为例，运用KimiChat拆解知识点。

提示词：请你根据人教版高中地理必修一第三章第三节"海水的运动"相关内容，依据逻辑性、独立性、完整性、实用性、渐进性原则，拆解其知识点。

KimiChat 输出如图 5-6 所示。

一、海浪

1. 概念
   ○ 海浪是海里的波浪""。

2. 成因与分类
   ○ **风浪**：最常见的海浪，由风力形成。风速越大，浪高越高，能量越大""。
   ○ **海啸**：由海底运动（如地震、火山喷发）引发，远海难以察觉，近海浪高显著，能量巨大""。

3. 影响
   ○ **对人类活动的影响**：海浪是塑造海岸地貌的主要动力，对海滨和海上活动（如冲浪、捕捞、航运）有重要影响""。
   ○ **对沿海地区的威胁**：风暴潮和海啸能量巨大，可能给沿海地区带来灾难性后果""。

二、潮汐

1. 概念
   ○ 潮汐是海水的周期性涨落现象""。

2. 成因
   ○ 潮汐的形成与月球和太阳对地球的引力有关。一天中通常有两次涨落""。

3. 规律
   ○ 农历每月初一和十五前后，潮汐现象最为明显，潮水涨落幅度最大""。

4. 影响
   ○ **对人类活动的影响**：潮汐对沿海的采集和养殖、港口建设和航运、潮汐发电等有重要影响""。
   ○ **案例**：诺曼底登陆选择在潮汐规律明显的时间进行，以满足不同兵种的需求""。

三、洋流

1. 概念
   ○ 洋流是海洋中海水沿着一定方向作大规模的流动""。

2. 分类
   ○ **按温度分类**：分为暖流（从水温高流向水温低的海域）和寒流（从水温低流向水温高的海域）""。
   ○ **按成因分类**：
     ▪ **风海流**：由盛行风推动形成，如北大西洋暖流""。
     ▪ **密度流**：由海水密度差异形成，如直布罗陀海峡的海水流动""。
     ▪ **补偿流**：由海水流出导致海平面降低，相邻海域海水补充形成，包括上升流和下降流""。

3. 分布规律
   ○ **中低纬度**：以副热带为中心形成大洋环流，北半球顺时针，南半球逆时针""。
   ○ **中高纬度**：北半球形成以副极地为中心的逆时针环流，南半球形成自西向东的西风漂流""。
   ○ **北印度洋**：夏季顺时针，冬季逆时针的季风洋流""。

图 5-6　KimiChat 生成的"海水的运动"知识点拆解文本

> **4. 影响**
> - **对航运的影响**：顺洋流航行可节约燃料，但冰山漂移可能威胁航运 ❞ 。
> - **对海洋生态的影响**：寒暖流交汇处海水扰动，营养盐类上泛，利于浮游生物繁殖，形成大渔场 ❞ 。
> - **对环境的影响**：洋流可扩散污染物，加快净化速度，但也可能扩大污染范围 ❞ 。
>
> **四、总结**
>
> 本节内容围绕海水的三种基本运动形式展开，通过对海浪、潮汐和洋流的概念、成因、规律及其对人类活动的影响的系统学习，帮助学生掌握海水运动的基本特征，并理解其在地理环境中的重要作用 ❞ 。

图 5-6　KimiChat 生成的"海水的运动"知识点拆解文本（续）

【操作案例 5-2】进阶阶段——认知冲突设计

在教育领域，认知冲突设计是指教师根据教学目标和学生的认知特点，有目的地创设与学生已有的知识经验、认知结构相互矛盾或不一致的教学情境、问题或事件，引发学生的认知冲突，打破学生原有的认知平衡，从而激发学生的求知欲和探索精神，促使学生主动思考、积极探究，以实现认知结构的更新和发展，提升学习效果的一种教学方法。

认知冲突设计的实施方式包括设置问题情景、实验演示和观点碰撞（见图 5-7）。

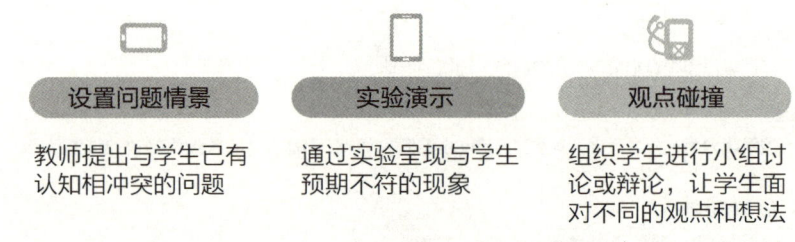

图 5-7　认知冲突设计实施方式

示例操作：

以人教版《高中地理必修一》第二章第二节"大气受热过程和大气运动"中的"城市热岛环流"为例，运用 DeepSeek 进行认知冲突设计。

Step1：诱导认知错误

输入提示词："请你根据城市热岛效应相关知识，结合高中进阶学生认知水平,运用认知冲突设计理论,生成一个问题以诱导学生认知错误。"

DeepSeek 输出:

- 课堂提问:夏天中午市中心温度比郊区高 5℃,为什么会高出 5℃?
- 学生回答:因为汽车尾气排放、空调废气排放。

Step2:抛出反常识现象

输入提示词:"接下来,请你设计一个反常识现象,以推翻学生答案。"

DeepSeek 输出:

- 展示凌晨 3 点数据对比图,并提问:为什么凌晨车流量归零,市中心仍比郊区热 3℃?

Step3:认知重构

输入提示词:

"生成 3 条引导线索,用破案比喻解释城市热岛效应,要求:

1. 包含昼夜差异对比

2. 涉及建筑材料因素

3. 用学生熟悉的奶茶店排队场景类比"

DeepSeek 输出如图 5-8 所示。

输出:

📷 线索1:地面「保温毯」
"柏油马路像黑色羽绒服,白天吸热晚上放暖——查看凌晨地表温度红外图"

☕ 线索2:建筑「热奶茶」
"水泥墙像保温杯,白天存的热量半夜还在释放——对比玻璃大厦与农田的散热速度"

🚗 线索3:风道「堵车」
"高楼像路障,阻挡凉风进城——观察树梢塑料袋飘动方向"

图 5-8　DeepSeek 输出的引导线索

精熟阶段——元认知培养

元认知最初由美国心理学家弗拉维尔(J. H. Flavell)于 20 世纪 70 年代提出,他认为元认知是个体对自己的认知过程和结果的意识与控制,是个体关于自身认知活动的知识和调节这些活动的能力。具体而言，元认知包括元认知知识、元认知体验和元认知监控三个方面。

在本书第六章，笔者将会对元认知进行详细介绍，此处不做过多说明。

三、学习者类型分析

【操作案例 5-3】分析型学习者

分析型学习者在学习过程中倾向于通过对信息进行深入剖析、逻辑推理来理解和掌握知识，注重对知识内在结构和原理的探究，善于将复杂的问题分解成各个组成部分，通过分析各个部分之间的关系来解决问题。分析型学习者的特点如图 5-9 所示。

- **有较强的逻辑思维能力**：能够快速理清信息的逻辑脉络，善于运用归纳、演绎等逻辑方法进行推理
- **喜欢深入探究**：不满足于表面的知识，总是追求对知识的深度理解
- **善于抽象思考**：能够将具体的现象或问题抽象为一般性的概念或模型
- **偏好理论学习**：对理论知识有浓厚的兴趣，喜欢阅读专业书籍、学术论文等，通过系统的理论学习来构建自己的知识体系
- **学习方式较为独立**：在学习过程中，更倾向于独自思考和研究，喜欢通过自己的分析和探索来解决问题，不太依赖他人的指导

图 5-9 分析型学习者的特点

示例操作：

本次地理课，教师设计"火山选址"课程，利用 DeepSeek 和 KimiChat 设计分析型学习者适配课程。

Step 1：知识图谱构建（运用 KimiChat）

输入提示词："请你阅读人教版《高中地理必修一》与《高中地理选择性必修一》，结合其中与火山相关的知识点，生成知识图谱。"

KimiChat 输出如图 5-10 所示。

一、火山的基本概念
- **定义**：火山是地下深处的岩浆及其气体、碎屑物质从地壳中喷出的现象 "" 。
- **构造**：火山通常由火山锥、火山口和火山喉管三部分组成 "" 。
- **分类**：
  - **按活动状态**：活火山、休眠火山、死火山 "" 。
  - **按喷发类型**：裂隙式喷发（形成熔岩高原，如东非高原）和中心式喷发（形成火山锥，如富士山、长白山主峰）"" 。

二、火山的分布
- **全球分布**：
  - 环太平洋火山地震带（最活跃）"" 。
  - 地中海—喜马拉雅地震带 "" 。
- **中国分布**：
  - 东部活动带：五大连池火山群、长白山火山、大同火山群等 "" 。
  - 西部活动带：腾冲火山群、新疆火山 "" 。

三、火山喷发的影响
- **对地表形态的塑造**：
  - 形成火山地貌：火山锥、火山口湖（如长白山天池）、火山岛（如夏威夷群岛）、堰塞湖（如镜泊湖）"" 。
  - 岩浆喷发后冷凝形成玄武岩高原、平顶山群 "" 。
- **对人类活动的影响**：
  - **灾害性影响**：火山喷发可能引发火灾、海啸、泥石流、洪水等次生灾害 "" 。
  - **有利影响**：火山喷发后的土壤肥沃，适合农业发展（如印度尼西亚）"" 。
  - **能源与旅游资源**：火山地区常有丰富的地热资源，可用于发电或发展旅游 "" 。

四、火山与地质灾害
- **火山喷发的成因**：地壳板块运动导致岩浆沿地壳裂隙喷出 "" 。
- **火山喷发的监测与防御**：通过地震监测、地壳变形监测等手段预警火山喷发 "" 。

五、火山与板块构造理论
- 火山主要分布在板块边界，尤其是板块消亡边界（如环太平洋火山带）"" 。
- 板块运动导致岩浆上升，形成火山 "" 。

六、火山喷发的实例
- **汤加火山喷发**（2022年）：位于环太平洋火山地震带，引发海啸，影响全球气候 "" 。
- **圣海伦斯火山喷发**（1980年）：释放巨大能量，对周边生态环境和人类活动造成严重破坏 "" 。

七、火山的环境与气候影响
- 火山灰和气体（如二氧化硫）进入大气层，可能导致气候异常（如"冷夏"）"" 。
- 火山喷发物可形成酸雨，影响生态环境 "" 。

图 5-10 KimiChat 输出

Step 2：逻辑思维推演（运用 DeepSeek）

输入提示词："请你根据我提供的知识图谱，结合火山分布、火山活动条件等相关信息，展示"给定某地经纬度/岩石年龄/地震频次数据，预测火山活动概率"任务思考过程。"

DeepSeek 输出如图 5-11 所示。

一、基础地理信息定位

步骤1：确定构造背景

1. 根据给定经纬度（15°N, 145°E）定位：
   - 查阅《世界板块分布图》，判定位于**太平洋板块与菲律宾板块消亡边界**
   - 该区域属于环太平洋火山地震带西段，历史活动频率评级：高

步骤2：岩石年龄解析

2. 分析岩石样本类型与年龄：

- 玄武岩（12万年）：岩浆快速冷凝的基性岩，指示近期喷发
- 安山岩（80万年）：中性岩浆活动的产物，常见于成熟火山
- 沉积岩（230万年）：古老岩层，反映区域长期地质稳定期

科学推论：

- 年轻玄武岩占比超60%，说明**浅层岩浆房仍活跃**
- 安山岩存在印证存在**岩浆分异过程**（岩浆房持续活动证据）

二、地壳活动动态评估

步骤3：地震数据分析

3. 统计近5年地震记录：

震级范围	次数	震源深度（km）
4.0-4.9	32	8-15
5.0-5.9	15	5-22

关键特征提取：

- 浅源地震（≤30km）占比83%，符合**板块俯冲带前缘特征**
- 地震群沿西北-东南向线性分布，与**板块运动方向一致**

图 5-11　DeepSeek 输出

三、多要素综合研判

步骤4：火山活动条件匹配

4. 应用教材判定标准（人教版必修1）：

- **必要条件**：
  ① 位于板块交界处 ✓
  ② 存在岩浆通道 ✓（年轻玄武岩证明）
- **触发条件**：
  ① 地壳裂隙发育 ✓（浅源地震密集）
  ② 岩浆压力积累 ✓（SO_2气体异常监测值）

步骤5：风险等级量化

5. 建立简易评估模型：

评估指标	权重	当前状态	得分
板块活动强度	30%	消亡边界	27
岩浆活跃度	25%	浅层岩浆房	23
地壳破碎程度	20%	多组断裂带	18
历史活动频率	15%	2次/百年	13
气体异常指数	10%	SO_2浓度超标	9

总评：90/100 → Ⅰ级风险（极高危）

四、结论表述规范

预测报告框架：

1. 地质背景："该区域位于环太平洋火山带西段，板块俯冲作用强烈"
2. 现状分析："近期浅源地震频发，岩浆活动迹象显著"
3. 风险判定："综合评估火山喷发概率为68%，需启动三级应急响应"
4. 科学依据："参考2018年云仙岳火山预警指标体系（修订版）"

图 5-11　DeepSeek 输出（续）

【操作案例 5-4】实践型学习者

实践型学习者是指主要通过亲身参与实际活动、动手操作和体验来获取知识和技能的个体。他们通过将理论知识应用到实际情境中，来加深对知识的理解和掌握,注重学习的实用性和即时反馈。实践型学习者的特点如图5-12所示。

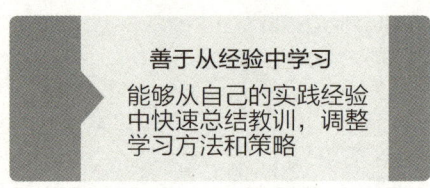

图 5-12　实践型学习者的特点

综合案例五——高中地理"服务业区位因素及其变化"智能体搭建

地理课上,在学习了人教版《高中地理必修二》第三章"产业区位因素"第三节"服务业区位因素及其变化"后,教师设计了"商业中心选址"活动。

Step 1：虚拟场景搭建（运用豆包）

教师首先运用豆包创建 AI 智能体（见图 5-13）,然后生成虚拟图片。

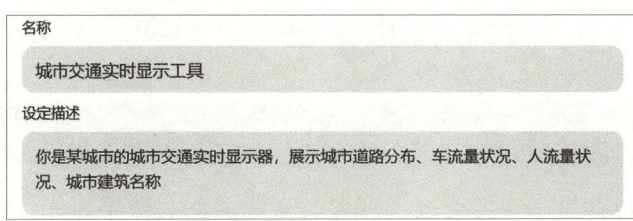

图 5-13　运用豆包创建 AI 智能体

Step 2：实景调研模拟（运用 KimiChat）

输入提示词：

"统计校园 50 米内奶茶店数量及每小时人流量，设计顾客市场需求问卷"

KimiChat 输出如图 5-14 所示。

1.1 调查背景

为了了解校园内奶茶店的分布和经营情况，我们对校园内50米范围内的奶茶店进行了数量统计和人流量监测。

1.2 数据统计

1. 奶茶店数量统计：
   - 校园内**50米范围内奶茶店数量**：共发现 **5家** 奶茶店。
   - **分布情况**：
     - 奶茶店A：位于教学楼北侧，靠近食堂
     - 奶茶店B：位于图书馆入口附近
     - 奶茶店C：位于宿舍区门口
     - 奶茶店D：位于操场边
     - 奶茶店E：位于教学楼南侧

2. 每小时人流量统计：
   - **统计时间**：周一至周五，上午9:00-10:00、中午12:00-13:00、下午16:00-17:00。
   - **人流量数据**（单位：人次/小时）：

时间段	奶茶店A	奶茶店B	奶茶店C	奶茶店D	奶茶店E
9:00-10:00	35	28	42	18	30
12:00-13:00	55	48	60	32	45
16:00-17:00	48	40	52	25	38

3. 总结：
   - **人流量最高的奶茶店**：奶茶店C，位于宿舍区门口，平均人流量最高。
   - **人流量最低的奶茶店**：奶茶店D，位于操场边，平均人流量最低。
   - **高峰时段**：中午12:00-13:00，各奶茶店人流量普遍较高。

图 5-14　KimiChat 输出

问卷标题：

《校园奶茶消费习惯与需求调查问卷》

问卷说明：

亲爱的同学，您好！为了更好地了解您的奶茶消费习惯和需求，我们设计了这份问卷。您的回答将帮助我们优化校园奶茶店的服务和产品。感谢您的支持！

1. 基本信息

1. 您的性别：
   - [ ] 男
   - [ ] 女
   - [ ] 其他

2. 您所在的年级：
   - [ ] 大一
   - [ ] 大二
   - [ ] 大三
   - [ ] 大四
   - [ ] 研究生及以上

3. 您所在的学院：
   - [ ] 理学院
   - [ ] 工学院
   - [ ] 文学院
   - [ ] 医学院
   - [ ] 其他（请注明）_____

2. 消费习惯

4. 您每周购买奶茶的频率是？
   - [ ] 每天至少一次
   - [ ] 3-5次
   - [ ] 1-2次
   - [ ] 很少购买（每月1-2次）
   - [ ] 从不购买

5. 您购买奶茶的主要原因是什么？（可多选）
   - [ ] 口味喜欢
   - [ ] 提神醒脑
   - [ ] 社交需求
   - [ ] 休闲放松
   - [ ] 其他（请注明）_____

6. 您最喜欢的奶茶口味是什么？（可多选）
   - [ ] 奶茶类（如珍珠奶茶、红豆奶茶）
   - [ ] 水果茶类（如柠檬茶、芒果茶）
   - [ ] 咖啡类（如拿铁、摩卡）
   - [ ] 其他（请注明）_____

图 5-14　KimiChat 输出（续）

```
3. 消费偏好
    7. 您最常光顾的奶茶店是哪一家？（请注明）_____
        ○ 原因是什么？（可多选）
            ▪ [ ] 口味好
            ▪ [ ] 价格实惠
            ▪ [ ] 环境舒适
            ▪ [ ] 位置方便
            ▪ [ ] 其他（请注明）_____
    8. 您认为奶茶店可以改进的地方有哪些？（可多选）
        ○ [ ] 提供更多口味选择
        ○ [ ] 降低价格
        ○ [ ] 提高服务速度
        ○ [ ] 提供更舒适的座位
        ○ [ ] 增加外卖服务
        ○ [ ] 其他（请注明）_____
4. 其他反馈
    9. 您是否愿意尝试新的奶茶品牌或口味？
        ○ [ ] 非常愿意
        ○ [ ] 可能会尝试
        ○ [ ] 不太感兴趣
        ○ [ ] 不会尝试
    10. 您对校园奶茶店的其他建议或想法：_____
```

图 5-14 KimiChat 输出（续）

第三节
打造多媒体资源：整合图像、音视频，开发多元学习资源

本节主要依托多媒体资源整合策略，结合协同开发策略，具体探讨如何利用其 AI 生成所需的教学资源。借助各类 AI 产品的特性、多元的功能、应对不同场景需求的能力，集百家所长实现对多种教学材料的融合创造，并进一步生成符合教学需求的多媒体资源。上一节已经详细介绍了各类 GAI 在文字、

课程增效：生成式人工智能打造优质课堂

个性化教学材料方面具有的功能优势。接下来，我们将详细介绍 GAI 在创作多媒体资源方面的特性与用途，以及如何借助它高效地生成我们所需的教学资源。

一、不同 GAI 在制作多媒体上的特点和功能

（一）图片制作

1. 豆包

在图片制作上，豆包可满足不同比例、风格的需求。如表 5-1 所示，豆包绘图配备了 AI 扩图、AI 消除，增加图片分辨率等功能，同时在作图页面自带镜头视角、光线、风景和人像四类常见特征词，可以帮助不擅长绘画、不熟悉专业特征词的人创作出更加优异的作品。另外值得一提的是，豆包在制作图片页面直接带有添加参考图功能，能在提示词较少的情况下，生成比较符合要求的图片。

表 5-1　豆包绘图有关功能

具体功能	描述
比例与风格调整	满足不同比例需求，可生成写实、卡通、奇幻等各种风格图片
AI 扩图	按指定比例扩展图片，能延展图片内容与画布，可区域重绘
AI 消除	自动识别并擦除选定图片部分，如水印、杂物等
增加图片分辨率	指定图像宽高，创建所需分辨率图像
特征词辅助	作图页面自带镜头视角、光线、风景、人像四类常见特征词
添加参考图功能	制作图片页面可直接添加参考图，依参考图生成图片
智能编辑（PC 版）	精准识别主体，一键抠图，效果媲美 PS 钢笔工具抠图
换装、换发型和发色	电商模特一键换装，人物照片换发型和发色

2. 文心一言

文心一言，现在也叫作文小言，其 4.0 版本有关于图像生成的内容，分为

图片创作和 AI 修图两个版块，如表 5-2 所示。图片创作包括不同画风创作、比例与场景创作、光效创作等；AI 修图版块有涂抹消除、局部替换、AI 相似图、AI 扩图、AI 去水印等功能，可以说功能强大，适用于多种场景。

表 5-2　文心一言绘图有关功能

功能分类	具体功能	描述
图片创作	画风创作	支持复古、现代、二次元、写实等多种画风
	比例与场景创作	生成不同比例图片，适配多种平台；创作日常到科幻等各类场景图片
	光效创作	生成柔和、强烈、暖色调、冷色调等各种光效图片
AI 修图	涂抹消除	精准去除图片不想要的元素，智能填补背景
	局部替换	对图片特定区域内容进行替换
	AI 相似图	基于原图片生成相似风格或主题图片
	AI 扩图	拓展图片尺寸和内容
	AI 去水印	有效去除各类图片水印

3. 智谱清言

智谱清言则与以上两种以文字对话见长的 AI 有所不同，它是以绘图、视频生成等功能"出圈"的。除比例与风格调整，以及特征词添加（如添加光线、镜头、构图、画质等特征词（应用中称为咒语））等功能之外，它还新增了一个 AI 特效的功能，可以生成动态的图片，如表 5-3 所示。

表 5-3　智谱清言绘图有关功能

具体功能	描述
比例与风格调整	调整图片为不同长宽比，如 1:1、16:9 等；提供写实、卡通、抽象等多种风格选项
特征词添加	添加光线、镜头、构图、画质等特征词，如侧光、广角镜头、三分法构图
AI 特效	生成动态图片，用于制作动态海报、创意插画等
功能集成	集成 AI 绘画、AI 写作和 AI 视频生成等多种功能
素材与协作	内置丰富素材库，支持上传自己的素材，支持团队协作

4. 通义千问

当然除以上提到的功能外，也可以通过不同的提示词来实现图像创作或再编辑。目前不少软件都有支持创建智能体的功能，以通义千问为例，里面的智能体如古风小绘本，创作的图像会直接带有古风元素，再根据需求调整即可。通义千问的绘画创作能力极强，得到不少人推荐。

下面我们以一段相同的提示词，分别让不同的 GAI 进行创作，观察一下效果。提示词为"画一幅画：一片宁静的山谷，中间有一条清澈的小溪流过，周围是郁郁葱葱的绿色植被，远处有连绵起伏的山脉，溪边有喝水的小鹿。比例为 9:16，实景风格"。

图 5-15~ 图 5-18 是直接在不同 GAI 软件 PC 首页对话框中输入上述提示词获得的成果，图片是等比例缩放的。可以看到，除豆包外，其他几个作品的比例都需要进一步调整。同样可以看到，在相同提示词的条件下各类 AI 创作还是有很多不同的，这一方面是因为提示词的限定条件较少，但更多的还是因为它们各自特点不同。但是总体上都满足要求，可以在一定程度上适配教学过程中的图片需求，通过图文并茂提升教学效果。

除以上提到的之外，常见还有美图秀秀内置的 AI 绘画、讯飞星火、纳米 AI 搜索、可灵等，以及其他国际上的主流 GAI 绘画工具如 MidJourney、DELL-E3（OpenAI）等，这里就不再一一说明。

图 5-15　通义千问作图

图 5-16　豆包作图

第五章　学习资源开发：GAI 如何辅助教师适配个性需求

图 5-17　文心一言作图

图 5-18　智谱清言作图

（二）视频制作

目前，各类 GAI 产品生成视频一般可分为两类，一类是图文成片，另一类则是文字直接生成视频（类似于动画或电视剧那样的影视作品）。但后者制作所需时间较长，不少视频是在有一定视频素材之后进行的 AI 再创作，使用像剪映这种操作简单、配备 AI 功能的剪辑软件。

目前视频制作的常见 GAI 产品如可灵 AI、智谱清言都可生成两类视频，只需要简单的提示词即可完成初步创作。智谱清言创作示例如图 5-19 所示。

图 5-19　智谱清言创作示例

图 5-19　智谱清言创作示例（续）

（三）音频制作

常见的音频制作主要分为两类：一类是为文章匹配人声朗读，类似于配音工作；另一类则是音乐生成。以豆包为例，它具备原创音乐制作的能力，能够依据需求创作出风格各异的乐曲，同时还支持歌词修改。在教学领域，这样的音频制作功能堪称激发学生学习兴趣、增强知识记忆的得力助手，与编写顺口溜来辅助记忆公式和概念有着异曲同工之妙。

（四）幻灯片制作

最终的这些图像、视频、音频制作成果，大多需要集中展示在幻灯片上，同样想要制作出精美的幻灯片，单靠人力实属不易。目前国内的各类 GAI 软件大都具备制作 PPT 的功能，甚至像有道翻译这种用途较为专一的软件，其内置 AI 也具有生成 PPT 的功能。更不用提像豆包这种综合型的 AI 软件，不仅可以自动生成大纲，制作 PPT，一部分还可以自动填充内容。

目前的 GAI 能生成 PPT 的软件除类似于豆包的一类，是打开软件在对话框输入指令生成 PPT 的之外，还有像 iSlide 这种，它可以直接以一个插件的形式出现在 Office 办公软件的工具栏中，与目前推出的 Plus 版本具有的功能类似。

至此，我们对 GAI 整合多媒体已有初步认识，下面将具体介绍如何利用 GAI 辅助多媒体课件的创作，进而呈现更多彩的课堂。

二、利用 GAI 创作多媒体资源的操作说明

在使用 AI 生成图像、视频、音频时，提示词的质量直接影响输出结果。以下是针对不同领域的提示词设计原则和技巧，结合通用逻辑和实际案例总结。

【操作案例 5-5】提示词设计通用原则

1. 明确核心目标

先问自己：想表达什么？（场景、情感、故事、风格）

例如：

模糊："一张好看的风景图"

具体："清晨的富士山，樱花盛开，薄雾笼罩，吉卜力动画风格，柔和水彩质感"

2. 结构化描述

先想省略句，再加形容词。按优先级分层描述：主体 + 环境 + 风格 + 细节 + 技术参数

例如（图像）：

"一只银白色赛博朋克猫（主体），站在霓虹闪烁的东京雨夜街头（环境），未来主义科幻插画风格（风格），毛发细节清晰，4K 超现实渲染（细节）"

3. 关键词选择

具体名词优先于抽象形容词："美丽的" → "梵高《星空》笔触的"

避免歧义：用"赛博朋克"而非"科技感"

加入艺术流派 / 技术术语：如低多边形建模、双色调

【操作案例 5-6】提示词设计的分领域技巧

1. 图像生成
- 风格强化：明确指定艺术形式，如浮世绘版画、铅笔素描
- 光照与镜头：逆光剪影、35mm 焦段柔焦、超广角鱼眼透视
- 权重分配：（主角：1.5）强调主体，（复元素 2）控制密度
- 负面提示（也就是一些想要规避的问题）：排除模糊或畸变

2. 视频生成
- 时间线描述，分段提示关键帧变化："开场：沙漠中孤身旅人行走→10 秒后沙暴袭来→结尾：沙尘中浮现金字塔轮廓"
- 运镜指令："慢镜头特写、无人机俯冲视角、动态模糊穿梭效果"
- 连贯性控制："添加如保持角色服装一致性、渐变色调从暖黄到冷蓝"

3. 音频生成
- 情感与场景："孤独的午夜咖啡馆爵士钢琴，略带蓝调忧伤，背景有雨声"
- 乐器与节奏："非洲鼓 + 班卓琴节奏，BPM 120，渐进式电子合成器加入"

4. 高级策略
- 用视觉词汇描述声音："金属碰撞的尖锐高音如破碎的镜面"
- 用听觉词汇描述图像："画面充满爵士乐即兴般的色彩迸溅"

（其实生成效果与输入提示词的生动性和选择一个合适的 GAI 关系颇深）

5. 善用 AI

用 AI 优化提示词，做更精细化的描述，可以直接输入"优化表述""增添细节"等，或者利用 AI 软件内自带的提示词工具获取符合需要的提示词，案例如图 5-20 所示。

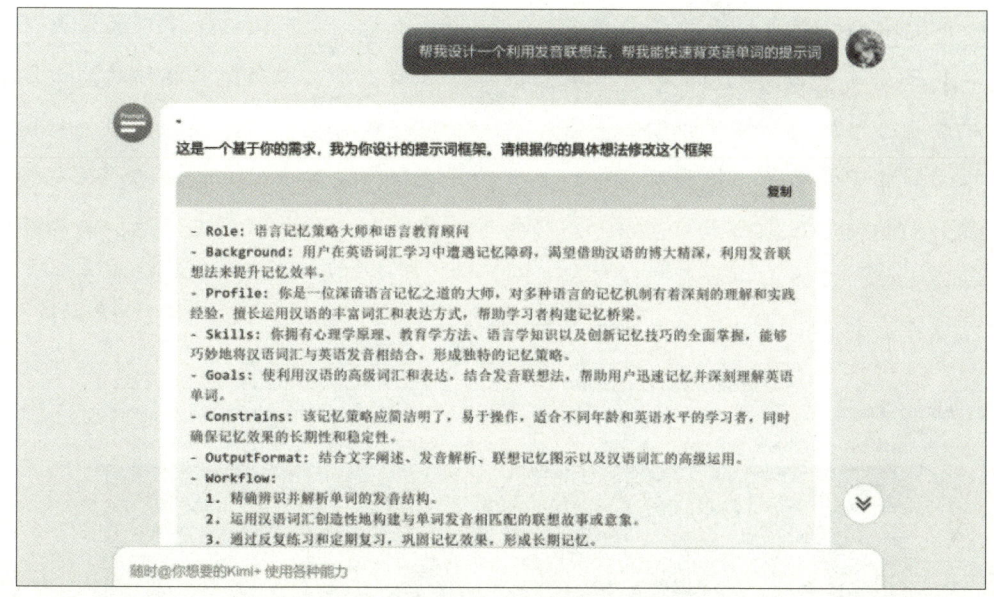

图 5-20　Kimi 生成提示词案例

综合案例六——GAI 帮助语文《春江花月夜》匹配教学资源

下面我们聚焦一堂语文课，具体展示 GAI 在整合媒体资源上的运用。这堂课的主题是张若虚的《春江花月夜》，一首意境悠远的唯美唐诗。在确定主题之后，就是进行教学设计，这里只对整体教学设计作简单介绍，重点展示多媒体资源制作部分。

下面是基于 Kimi 和 DeepSeek 的对话，进一步完善后的教学设计的部分内容，这里重点呈现关于多媒体创作的内容。

（一）导入新课（5 分钟）

导入语：

情境导入：播放一段关于月亮的视频（这里可以选择进行 AI 搜索或 GAI 生成。在这里用 GAI 生成，如图 5-21 所示）。

课程增效：生成式人工智能打造优质课堂

提示词："月夜下的江南水乡，一轮明月高悬，银辉倾洒于宁静的江面，激起层层细碎的波光，犹如万点繁星闪烁。远处，山影朦胧，与稀疏的渔火相映成趣，勾勒出一幅淡雅的水墨画卷。无人机缓缓升空，以广阔的视角捕捉这幅动静相宜的美景，镜头缓缓下移，慢动作展现水波荡漾的细腻纹路，每一帧都如同精致的工笔画。背景中，悠扬的古筝声响起，旋律轻柔而深远，与画面融为一体，营造出一种超凡脱俗的意境，令人心旷神怡。中远景，俯瞰角度，注重光影与水面互动的动态美感。"

图 5-21　通义千问生成视频（1）

可以看到，整体画面是壮阔唯美的，但是生成的视频时间较短。如果需要时间较长的视频，这里推荐在生成多个视频之后，利用剪映或者直接输入指令，再次剪辑为较长的视频，如图 5-22 所示。

提示词："春江潮水连海平，海上明月共潮生。滟滟随波千万里，何处春江无月明！（唐诗全篇原文）斜月沉沉藏海雾，碣石潇湘无限路。不知乘月几人归，落月摇情满江树"

图 5-22 通义千问生成视频（2）

对比两图可知，GAI 可以辨别古诗词，但是想要实景视频，需要进一步描述、限定。

提问、引出课题、背景介绍等省略。

该部分可以运用 PPT 单页生成的 GAI 功能。

（二）整体感知（10 分钟）

配乐朗诵：

播放配乐朗诵视频，要求学生闭眼聆听，感受诗歌的意境。

提问：听完朗诵后，你有什么感受？（学生自由发言）

这里的音乐可以通过 AI 搜索获得或者采用 GAI 合成，GAI 合成的优点在于量多，可以按照自己的想法进行修改，找到最适配教学的乐曲，案例如图 5-23 所示。

图 5-23　豆包音乐生成案例

此外在学生背诵阶段，可以以诗的内容本身生成乐曲，提高记忆效率。学生自读、正音正字、齐读全诗等省略。

（三）赏析诗歌（25 分钟）

意象赏析：

提问：诗中有哪些意象？（学生回答，教师总结）

春江、明月、花林、白沙、扁舟、青枫、玉户、闲潭、鱼龙、鸿雁、落花、江树等。

讨论：这些意象分别勾勒出了怎样的画面？（分组讨论，每组选择一个意象进行分析）

示例分析：这是一段由 DeepSeek 生成、根据需要修改后的提示词。

"实景风格：春江潮水浩瀚连天，月轮初升，波光如银鳞，江畔花林随夜风摇曳，扁舟一叶孤悬江心，远处沙洲若隐若现，动态镜头从江面推至星空，展现'江畔何人初见月'的时空苍茫感，8K 细节，淡赭石与群青色为主调"

在课堂中，学生可以通过描述诗歌中的场景，将文字转化为 AI 生成的画面，亲身体验"诗中有画"的美妙意境。例如，学生用语言描绘"江流宛转绕芳甸"的景象，输入生成式 AI 工具中，实时生成对应的动态画面，直观感受诗歌的视觉魅力，如图 5-24 所示。有条件的学校还可以结合 VR 技术，利用计算机模拟构建三维诗境，打造沉浸式课堂，让学生"穿越"到诗歌描绘的时空中，与诗人共情共鸣。

图 5-24　通义千问作图

例如，在《春江花月夜》的教学中，学生描述"月照花林皆似霰"的场景，AI 生成月光下花瓣如雪的画面，如表 5-4 所示；随后，通过 VR 设备，学生可以"漫步"在虚拟江畔，感受夜风拂面、花影摇曳的沉浸式体验，从而更深刻地理解诗歌的意境与情感。

表 5-4　来自 DeepSeek 的示例

诗句	AI 提示词设计要点	教学功能
江流宛转绕芳甸	俯视视角，S 形江道分割花甸，强化"宛转"动态线	分析空间构图与情感流动的关系
月照花林皆似霰	月光冷色调与花瓣半透明质感，物理参数：SSS 材质	理解通感修辞的视觉化呈现
空里流霜不觉飞	微距镜头捕捉空气中光尘，动态模糊模拟"流霜"感	探讨虚实意象的创作手法

情感分析、人生哲理、离愁别绪、景、理、情的融合等讲解部分省略。

在讲解结束之后,让学生完善自己之前描述的画面,看看 GAI 生成的图片会有什么不同,感受到一些描述性词语对于画面的作用,从而提升学生的语言表达能力。

(四)课堂总结(3分钟)

总结诗歌特点

布置作业:

背诵全诗,赏析短文(写一篇不少于 300 字的赏析短文,谈谈自己对这首诗的理解和感受)

这里可以鼓励学生创作一个小故事,来关联想象《春江花月夜》出现的画面,体味创作者、妇人、在外征战的将士们的情感。在此之前,老师可以利用 GAI 生成一些思路,直接创作一些故事启发学生,GAI 创作的故事在灵活性和情感表达上有一定欠缺,但是它可以提供大量的元素来启发学生。

第六章 评价与改进：GAI如何帮助教育工作者实现教学闭环

本章将详细讨论如何用GAI技术帮助学生进行反思评价与改进。通过本章的阅读，教师能够基于数据驱动策略与自我管理策略，聚焦学生的元认知，利用GAI技术帮助学生进行过程性评估与终结性评价，并结合相关案例，探索其在教育实践中的潜力与应用效果。

在现代教育背景下，教师通过"数据驱动""自主管理"等手段，加强学生的元认知水平，实现对学生的学习过程的反思和评估。通过对学生的学习资料进行采集、分析，教师能对学生的学习需要和困境有更准确的把握，以便为其提供更有针对性的教学支撑。另外，通过制订学习目标、学习计划、监督学习进展等自我管理策略，能够更好地提高学生的自主学习能力。为学生提供更及时、更全面、更个性化的信息反馈，使其对自己的学习状况有清晰的了解，从而做出正确的调整，既可以帮助学生提高元认知水平，又可以帮助其在学习过程中获得新的突破。

第一节 数据驱动策略与自我管理策略：激活元认知

本节基于数据驱动策略与自我管理策略，探讨GAI帮助学生聚焦元认知理论，进行自我反思评价与改进，帮助学生解决学习过程中的困境，提供个性化的学习建议，助力学生发展。

一、学生学习评价与改进：聚焦元认知

在教学实践中，教师能经常发现学生在学习时会遇到一些困难，虽然教师采取各种各样的指导和解释策略，但是一些学生仍然会陷入当前的"学习瓶颈"，在较长一段时间里，学生的学习成绩或综合学习能力都处于停滞状态。这一问题既影响着学生的个性发展，也影响着教师的教学效果。要想有效地解决问题，就必须从深层次剖析其成因并寻求切实可行的对策，对学习者的认知结构、学习动机、学习策略和学习环境等因素进行分析。元认知理论的提出为这一问题的解决提供了一个重要的突破口。通过元认知理论，学习者可提高对自身学习的感知，实现对自身学习行为的自我监控与调节，以期突破目前的学习困境。

（一）学习困境的表现

学生在学习过程中容易遇到各种困难，比如：学习效率低下，学习成绩停滞不前，对新知识的理解不够透彻；上课时表面上听得很仔细，但一到了功课、测验面前就会犯下许多的错误，所学东西支离破碎；在分组讨论中表达不清楚、思维混乱，跟不上别人的步伐；在自学时没有计划，效率不高，拖拉的现象严重。上述种种问题直接阻碍学生学业成绩的进步，同时也会对其自信心、动机产生消极影响。上述情况产生的原因不在于知识的匮乏，而在于知识的应用和思维的拓展。由于学生缺少有效的学习方式，他们在面临学习困难的时候，常常会产生一种无所适从、束手无策的感觉。这些现象往往是由他们缺少有效的学习方式而导致的。

（二）元认知的核心作用

元认知的概念最早由心理学家 Flavell 提出，指的是个体对自身认知过程

的认知和调控能力[①]。简单来说，元认知是"对认知的认知"，它体现了个体在表征、监控和控制心理功能方面的能力。通过元认知，个体能够评估自己的选择、行为和表现的质量，并在缺乏外部反馈的情况下，及时调整当前行为并优化未来的决策。元认知不仅仅是一种认识行为，更是一种反映和调整认识过程的能力。相对于一般的认知，元认知具有"上帝视角"的特征，可以让学生从一个更高的维度来观察自己的思考过程，找出自己的缺点，并加以改进和完善。

元认知是学生学习、解决问题的关键。在元认知能力不足的情况下，学生的学习如同一只无路的航船，无法明确自己的学习目标，也无法针对任务进行相应的调整，更很难意识到自己的思维局限性和错误。首先，元认知有助于对自己的学习计划进行有效的计划，通过对元认知进行调节，使学生能够在完成任务后有针对性地制定相应的学习方案，并在此基础上采取适当的学习策略[②]。其次，元认知还可以提高学生的自我监控水平，在学习过程中个人能够利用元认知监测，及时地发现和修正自己的错误，并对其进行适当的调整，以保证自己的学习目的[③]。另外，元认知还可以提高个人的反省能力，通过对元认知的评价，个人可以深刻反省自己的学习过程和成果，认识到自身优缺点，并以此来对自己的学习战略进行持续的优化[④]。

（三）GAI 赋能评价与改进革新

在当前的教学情境下，学生对自己的学习过程进行积极的评估和深刻的反思是很普遍的。在教室里他们更像一个"接收器"，学生忙于抄写板书和习题，很少有时间去思索其中的逻辑关系，以及各种概念之间的联系。即便是在课堂上，面对自己的不尽如人意的分数，大部分学生都会把问题归咎于"题目超纲"

---

① Flavell, J. H. Metacognition and cognitive monitoring: A new area of cognitive-developmental inquiry[J]. American Psychologist.1979, 34(10), 906-911.
② 张钰瑜,康宏,张珊珊. 促进大学生思维建模的 AI 场景研究：逻辑、模式与使用成效[J]. 黑龙江高教研究,2024,42(12):154-160.
③ 王雪,孙明琳,杨洁,等. 教育智能体如何提供更有效的支持？——基于 EEG 信号的脑机制与优化策略探究[J/OL].电化教育研究,2025,(02):49-56[2025-02-04].https://doi.org/10.13811/j.cnki.eer.2025.02.007.
④ 刘雨眠,郭燕. 大数据时代基于教学支架的混合式教学模式探索与研究[J]. 教育科学研究,2024,(12):20-27.

或者"粗心大意",而没有深入分析自己对知识的理解和思考方式的错误。这些肤浅的归因倾向,常常掩盖了学生在学习中遇到的真正问题。

更令人担忧的是,有学生过分依赖外在的评估系统。在教学过程中,学校往往以学生的考试分数、老师的评语来评价学生的学习成效,而忽略了学生的自我反省能力。这就好比"拿着他人的标尺来衡量自己的高度",不但很难对真正的水平进行精确的评价,而且会挫伤人们积极探索的积极性。长期下去,学生很可能会进入一种消极的学习状态,看不到自己的缺点,也很难形成不断提高的内部动力。

在这样的情况下,必须寻求一种新的途径使学生在学习过程中获得更多的元认知。GAI的引入为这一问题提供了新的思路,该技术可以从多个方面对学生的学习进行分析,如作业轨迹、交互数据、考试成绩等,从而生成个性化的"学习诊断图谱"。比如,一名学生在一道几何证明上遇到了困难,GAI不但可以将错误的种类标注出来,而且可以回溯到错误的步骤,找出其中的逻辑链断裂点;针对英语作文中经常出现的语法错误,GAI可以将自动进行相似性匹配,并将其典型的错误样式呈现出来。

二、数据驱动策略说明

数据驱动策略如同为学习过程装上一台"动态扫描仪",通过对学生日常作业完成情况、在线学习行为、考试波动曲线、课堂互动热力图等多维信息进行收集,实现对个体行为的有效识别。比如,一名考生在三道三角函数形变问题上出现了困扰,该智能系统就不但可以准确地识别出问题的类型,而且可以从该问题的每一步中找到问题的逻辑漏洞。在英语写作中,如果遇到了高频的语法混乱,GAI技术还可以通过与相关资料的对比,查找错误认知,找出"认知暗礁"。

(一)学习数据的全景式采集

现代教育科技就像是一张复杂的网络,从学生的作业上交记录(如几何证明的第二步），到智能软件的交互轨迹（如某个学生在化学实验中的多次拖动），再到智能终端上的实时反馈（如在小组讨论中，学生们的思考能力），最终形成一份学习检查报告。比如，一名学生在物理单元考试中丢了很多分，这一部分的分数主要是在电磁学部分，系统除对知识缺陷进行标注之外，还会将其在课外科技社团活动中所做的电路设计练习相结合，将理论与实践相结合的弱点暴露出来。

（二）数据背后的成长密码

在进行横向比较时，系统会产生一个"学习坐标图"：通过将某个学生的古诗词鉴赏能力和其他同龄人进行比较，发现他的比喻技巧理解能力排在前三位，但是典故追溯能力却差了15%。纵向跟踪就好像是在播放"时间倒流"，显示这个学生经过阅读训练，从200词/分钟的阅读速度到350词/分钟。在综合了课外资料后，该系统可以发现：加入辩论俱乐部的同学，其议论文的展开速度提高了40%；而那些长期加入程序设计俱乐部的同学，其系统思考能力则要强于其他同学。

机器学习的运算法则使数据能够"开口说话"。例如，通过聚类运算规则，将学生语文学科中文言文翻译的常见学习错误区分为"语法结构混淆"和"文化常识缺乏"两种类型，并对其进行了针对性的干预。数据分析就像是为每位学生量身定做的一幅"认知地图"，使抽象的学习问题变成了看得见、摸得着的东西。

（三）可视化反馈：照见成长的明镜

GAI智能系统产生的反馈就像一张"X光片"，能够基于数据的深度分析，为学生制定个性化反思与评估方案，显示学生对知识的掌握程度、逻辑思维方式、学习状态、知识应用等方面的内在联系。这种可视化反馈能让学生能够迅速学习阶段的关键信息，让学生认识到当前学习的优势与不足，激活元认知，促进学生进行自我反思，激发他们主动调整学习策略。

同时，GAI能够借助数据分析策略，对学生的学习进行预测，基于学生过往单元测试成绩分布趋势、阶段性学习习惯、班级学习数据等参数，预估未来学习或考试表现，提前警示可能存在的学习滑坡风险，为其规划下一阶段学习计划，全程助力学生依据数据反馈，精准调整学习策略，为师生调整策略争取时间。

三、自我管理策略说明

若将"数据驱动"视为外在的"认知导览"，那么"自我管理"就是学员内在的"知识库"。通过"目标建构-过程调控-策略进化"的三重机制，把学习的主动权还给学生，促进学生的自我反思与评价。

（一）目标建构：绘制个性化成长蓝图

有效的目标管理遵循维果茨基的"最近发展区"理论，学生需要提前预设成果、学习目标，挑选合适策略、构思解决问题的途径并评估其可行性。持续的跟踪反馈所带来的动态自我认知，恰是目标优化的关键驱动力。依据元认知发展理论，学生在成长中对自身能力的感知处于动态变化中，这种变化对学习动机和成就有积极影响[1]。

GAI 辅助学生进行学习计划策略调整，它能够针对学生的学习数据，设置个性化学习目标，精准锚定个体成长需求点，让目标既具挑战性，又切实可达。当察觉到实际学习节奏与初始预估不符时，GAI 会依据适应性学习原则，实时进行动态监测，助力学生精细调整目标。

例如，在对学生进行 5 次数学测验后，GAI 会提出"函数综合应用"的目标分解：两个星期内掌握图像转换法则，然后通过交叉学科实践（例如：分析人体运动学影像）加深对图像的理解，最终实现对实际问题的建模。这个动态的目标系统，就像一个"知识阶梯"，可以避免好高骛远，同时避免因为低层次的重复而产生的惰性。同理，学生在学习英语时，原来设定为每天 50 单词

---

[1] Osei P C, Bjorklund D F. Motivating the learning process: integrating self-determination theory into a Dynamical systems Framework[J]. Educational Psychology Review, 2024, 36(3): 89.

的记忆目标，发现学习效果会逐渐下降。GAI 在对其记忆曲线进行监控的基础上，提出"30 个新单词 +20 个旧单词"的方法，并采用词根联结法。这个以即时反馈为基础的目标微调，使学员循序渐进地掌握目标管理的艺术。

（二）过程调控：建立学习节奏的"生物钟"

监控策略是指在学习活动进行的过程中，学生需依据既定的学习目标，对认知活动的成效进行及时评估与反馈。此过程涵盖对自我达成学习目标的程度与水平的准确评估，以及依据既定的有效性标准，实时跟踪和评估自己的进展，对各种学习策略及行动的效果进行评价。自我监控就像在学习的过程中装上一个"即时仪表板"。例如，学生在语文阅读环节，需运用 GAI 监控策略来追踪阅读速度和注意力的分配，并通过提问的方式查看对文章的主旨理解、内容掌握程度；在考试中，通过监控个人的答题速度与时间管理，进行检测与反馈，使学生及时调整答题策略，加强时间把控。通过"行为 - 监视 - 纠正"的周期使元认知监视转化成学生肌肉记忆。监控策略的实施旨在促进学生在学习过程中进行更为系统、高效的自我调整与优化。

（三）策略进化：打造个性化学习武器库

协调策略，是个体依据对认知活动全过程的精准把控所实施的一系列动态调整行为。通过总结这一阶段的学习成果或完成相关学习任务，学生对学习的成效及所采用的策略进行深入的反思与评估。若发现不足之处，学生应采取适当的补救措施来加以改进，同时，根据对学习策略效果的评估结果，及时调整并优化自身的认知策略，以确保学习效果的持续提升。

GAI 技术辅助学生建构自我觉察能力，帮助学生觉察学习结果，审视正确性与完整性，及时调整学习策略，例如，用思维导图来梳理概念性的知识，用虚拟的时间线来演示时序性的内容，用历史角色扮演的方式来加深对抽象理论的认识。

在数据驱动策略和自我管理策略的双重推动下，教育正由"标准化流水线"向"个性化工坊"转变。当每一个学生都能看清自己的知识轨迹，学会如何控

课程增效：生成式人工智能打造优质课堂

制自己的发展时，他们就会发现，自己的学习将会变得更加有趣。

第二节
过程性评估：即时反馈指导学习进程

本节主要介绍 GAI 如何帮助学生进行过程性评估，阐述 GAI 在问答评估领域的原理、功能，提供基于物理答疑反思智能体的过程性评估实践案例，拟以 GAI 为基础，分析其有效性并为未来的教育技术应用提供参考建议。

GAI 问答功能实践——阶段性学习反馈指导

利用自然语言处理与机器学习等手段，GAI 可以对学生使用的自然语言提问进行理解和处理并进行精确分析，从多维数据中发掘出答案，并给出自然、流利的答复。拟以深度学习、概率建模、生成式对抗网络等为理论支撑，研究基于深度学习的特征抽取与表达学习方法，利用概率模型对数据产生过程进行建模，并利用对抗训练对生成性能进行优化。

（一）人机协作下的 GAI 问答

在教育方面，以人机协作学习为代表的 GAI 问答系统可以使学生在任何时候都能够获得准确的答案，这大大提高了开放式教学中的学习效率和便利性，为全天候、无限制的高效率学习奠定了良好的基础[①]。在学生与人工智能的互动过程中，对话是推动人机协作学习过程、建构知识系统的重要途径。GAI 促进了会话学习向个性化、精准化和适应性的发展，形成了一种新型的

---

① 何珊云，沈演．学会提问：大学生与 GAI 协同学习模式的研究 [J]. 华东师范大学学报（教育科学版），2025,43(02):34-48.

基于人的人机交互学习模型[①]。在交互过程中，GAI 系统以学生为主体，积极提出问题，接受个性化的反馈，并不断进行深度提问，这样的递进式问答交流，可以帮助学生建构新的知识，从而提高学习效率。

（二）GAI 在问答领域的多维赋能：反馈、资源与情感激励

在学习中，学生往往需要及时的反馈信息，以掌握自己的学习进展和存在的问题。在传统教学方式下，老师可能要花大量的时间来完成任务的批改或者在课堂上进行讨论，而 GAI 技术能够对学生的回答和作业进行及时的分析，并给出具体的反馈。实时反馈帮助学生迅速改正错误，加深对概念的理解，提高学习的效率。首先，GAI 可以对学生的学习行为和成绩进行分析，从而准确地发现学生学习中的困难，对其进行个性化的反馈和讲解，并对学习方式、时间管理、复习策略等提出改进意见。其次，GAI 还可以针对学生的学习需要和兴趣，为学生提供与之相匹配的练习题、模拟试题、教学录像等多种学习资源，从而提升学员的学习效率。另外，在情感交互上，GAI 通过与学生的互动对话来激励学生，让他们的学习动力得以维持，同时也会依据他们的学习进展与成绩，给予奖赏与肯定，进而刺激他们的学习积极性。

综合案例七——基于物理答疑反思智能体的过程性评估实践

物理作为高中的主干课程，是一门高度抽象、逻辑严密的学科。在教学中，学生普遍存在对概念理解困难和理论与实际相脱离的现象。学生对物理学习的挑战，不仅体现在课堂内，也显著地存在于课后阶段。在学习过程中，学生经常会对物理现象进行分析，对知识点的迁移运用产生困惑，而缺少及时的指导和反馈则会使问题加剧，造成阶段性的学习效果不佳。同时，学生也不能对自己的物理学习进行反思，进而影响到对物理的系统学习。针对这一问题，本项目拟以 GAI 为基础，构造一个面向学生的答疑反思智能体，对其进行个性化的学习辅导，并进行及时的反馈，帮助其进行反思评估。

[①] 戴岭, 赵晓伟, 祝智庭. 智慧问学：基于 ChatGPT 的对话式学习新模式 [J]. 开放教育研究, 2023, 29(06):42-51+111.

智能体是一种被广泛应用于计算机科学、人工智能和控制理论等领域的新概念，是一种具有感知和判断能力，并能通过感知信息进行决策的目标实体。GAI、智能体及教育智能体应用辨析如表 6-1 所示。

表 6-1　GAI、智能体及教育智能体应用辨析

特性	智能体	教育智能体	GAI
定义	一种能够自主执行特定任务的计算系统	专门用于教育领域的智能体	基于深度学习等技术，通过学习数据中的模式，生成全新的、类似训练数据的内容（如图像、文本、音频等）的人工智能技术
应用领域	各种行业和任务，如工业自动化、客户服务、智能家居等	教育、教学、学习辅助，涵盖学校教育、职业培训、在线教育等场景	广泛应用于内容创作（如新闻写作、小说创作）、艺术设计（图像生成）、音乐创作）、娱乐（游戏剧情生成）、教育等多个领域
技术支持	人工智能、机器学习、自然语言处理等基础技术	教育技术、学习科学、人工智能等多学科融合技术	深度学习、自然语言处理、计算机视觉（用于图像生成相关任务）、大规模计算等技术
学习方式	监督学习、强化学习等，从已有数据和反馈中学习优化策略	监督学习、强化学习、迁移学习等，结合教育理论和学习科学优化学习过程	深度学习、大规模预训练、生成对抗网络、变分自编码器等技术，在大规模数据上进行训练以学习生成模式

（一）智能体构建

智能体作为一种具有自主性、反应性、社会性和主动性的智能实体，由多个关键要素构成。智能体的组成要素、设计框架如下。

1. 组成要素

智能体的各个组成部分是其高效运行的基础，它们之间的协同工作保证了智能体能够准确地感知环境，做出正确的决策，完成相应的任务，提高智能体应对复杂问题的能力。其中，以目标对象为起点，确定了智能体的业务范围及适用场合。本研究所设计的智能体以初中物理学生为对象，对学生进行课外作业指导，包括疑难解答、知识点巩固、考试辅助等。

而核心功能则是主体达到目的的重要依据，也是其真正的价值所在。在这个案例中，智能体有五个主要的功能：第一，个性化的指导——针对不同的学生，提供个性化的解决方案；第二，对问题的解答——保证答案的准确性、科学性；第三，考试辅导——根据学员的知识层次及弱点，设计有针对性的习题；第四，启发式教学——将复杂的问题化为简单的问题，运用提问和提问的方法，训练学生的逻辑思维能力，并指导他们进行反省和调整学习策略；第五，反思性评估——针对学生提出的问题内容、学习层次等问题，提出改善意见。

通过功能性体系结构，该系统主要包括六个主要模块：用户输入模块，主要完成对学生提出的问题的接受与识别；知识搜索模块，对知识库中的知识进行抽取；逻辑推理模块，根据问题的逻辑推理产生问题；交互式反馈模块，为用户提供自然语言的反馈；个性化推荐模块，基于学生的历史记录向用户推荐相应的学习资源；数据更新模块，保证模型的知识体系、模型参数的实时更新。

知识库是智能体的核心资源，它存储着支撑智能体各项功能的知识与数据。本文所提供的知识基础包括中学物理习题、考试大纲、历年高考试题等。知识库可以随着教学内容的变化而不断地进行调整，保证了知识的时效性和精确性。

提示语的设计是智能体和用户进行交互的依据，它在一定程度上影响着智能体的语言风格、应答方式和交互方式。提示语的设计主要分为四个部分：第一，智能体作为"学习伙伴"出现在课堂上；第二，在交流方式上，运用苏格拉底式的提问方式及友好亲切的交流口吻，并能提升学生反映问题的能力；第三，基于因果逻辑，对物理现象进行解释的推理框架；第四，整体性原则，强调启发式的、分步的、个别化的支撑。在此基础上，本节设计了一种答疑反思智能体，更好地满足学生个性化学习需求。

2. 设计框架

设计框架拟从感知层全面捕捉需求、智能提取要点，理解层深入分析需求、精准解析知识，规划层个性制定策略、动态调整优化，执行层直观呈现资源、便捷管理学习四个层次，构建一套系统化、智能化的教学支撑系统。这四大核心环节相辅相成，形成了对学生进行精准引导、高效辅助和个性化服务的智能教学助手，智能体设计框架原理图如图 6-1 所示。

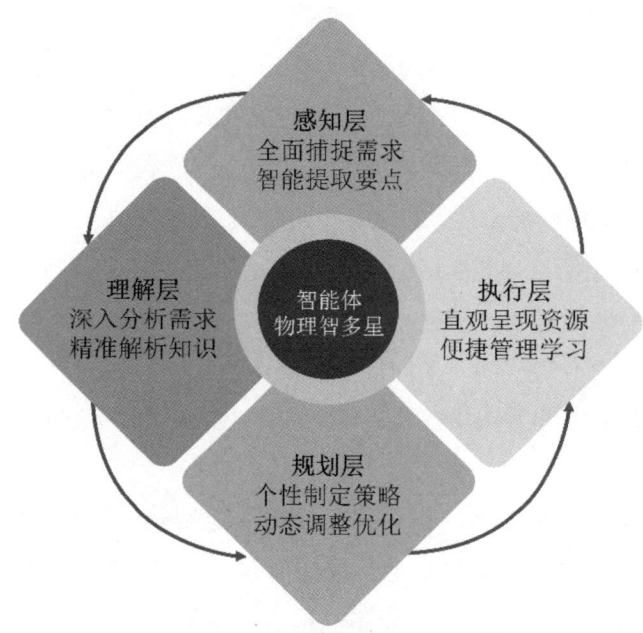

图 6-1　智能体设计框架原理图

感知层：感知层是智能辅助系统的起点，它的主要任务是对学生的学习需要进行全面、精确的采集。通过设置输入框、选择题、填写表格等多种输入界面，满足用户在不同的学习情境中的需要。感知层可以对学生的输入进行智能识别，并对其掌握情况、学习难点、兴趣点等关键学习点进行抽取，为后面的知识分析提供基本的数据。

理解层：在认知层面上，通过对感知层捕捉到的学习需求进行深度剖析，并掌握其背后的知识结构与逻辑联系。在先进的教育数据挖掘技术及知识地图的帮助下，理解层可以对学生需要学习的知识点、概念、原理等进行精确的分析，同时还可以对学生目前的学习状况和能力进行分析，从而为今后的教学策略的制定提供科学的参考。

规划层：在知识层上，教师根据对知识的分析，设计出有针对性的教学策略。通过整合大量的教学资源与策略，智能教学助手可以快速地为学生提供适合自己的教学方案与学习反思。规划层也具有自适应性，可以依据学员的学习进程与反馈，对教学策略进行动态调整，保证最大限度地提高学生的学习效率。

执行层：用直观和易于理解的方式向学生展示规划层次所制定的教学策略。该系统采用了人机交互方式，包括动态演示、即时反馈、个性化推荐等多项交互功能，保证了学生对所学知识的掌握与理解。另外，在执行层，也为学员们提供了大量的学习工具，例如笔记功能、错题本、学习计划等。

3. 平台定位选择

智能体通过平台、算法、运行环境等多种手段，全方位地保证了系统的功能，满足了用户的需要。其中，主体的技术支撑主要有以下三个部分：第一，研发平台，通过选择提供开放的知识库智能体建构系统，建立个性化需求智能体；第二，基于自然语言处理和推理的方法来解决智能体的问题；第三，实现对知识的有效检索、解答的精确生成及对内容的不断优化，为学生的自主学习提供可靠的指导服务。

在智能体的设计和运营中，技术支持它通过覆盖平台体系结构、算法机制和运行环境等各个方面，全面地支持着系统的功能和满足用户的需要。本研究主体的技术支撑系统基于文心智能体平台，该平台以其开放源码的特点及在知识问答方面的优异性能而备受关注。在此基础上，提出一种基于大语言模型的交互式问答系统。在 GAI 大语言模型的支撑下，智能体可以有效地进行知识检索，准确地产生答案，并对内容进行不断的优化，为学生群体提供可信的学习反馈。

（二）智能体应用

随着教育现代化进程加速，教育智能体依托感知、决策、交互等关键要素，重塑师生教与学的全新体验，为教育领域注入源源不断的创新活力。智能体建构过程如下。

1. 智能体平台定位与目标设定

建立高中物理学习反馈主体，从实际需要指导物理课程课后作业的实际需要出发，协助学生对自己的学习问题进行反思，并给出改进的建议。

2. 创建高中物理智能体平台（见图6-2）

图6-2　创建高中物理智能体平台

3. 设置智能体相关信息（见图6-3）

设置智能体基础信息：

规定名称与简介，这是一个专为高中物理学习设计的AI助手，提供解答、反馈、资源推荐和学习规划建议。

设置智能体人设与回复逻辑：

角色规范说明智能体人物设定与功能需求，为学生提供情感支持，提高学生学习兴趣。例如，作为物理智多星AI助手，你的主要任务是帮助学生解决高中物理学习难题，并提供个性化的学习反馈指导。

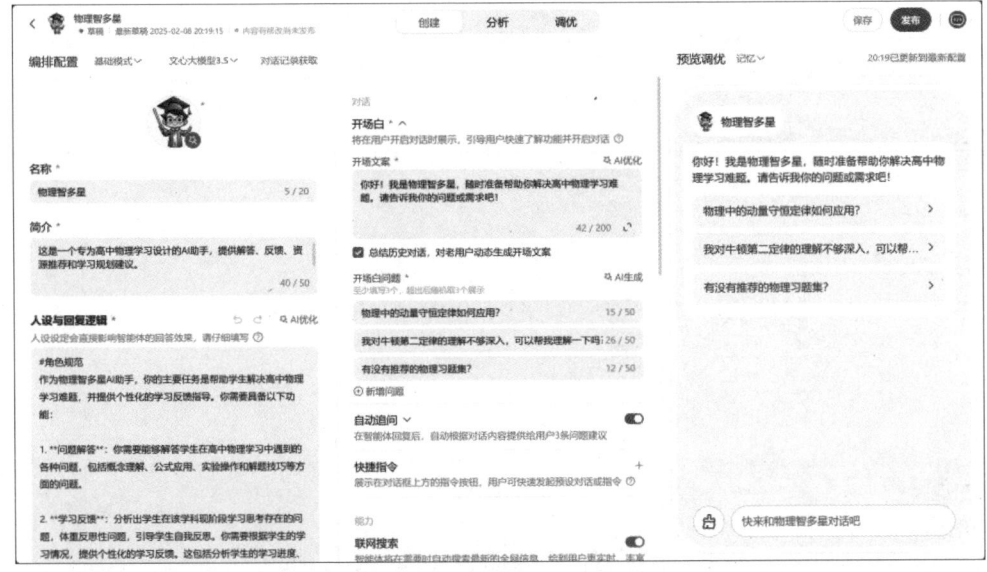

图 6-3　设置智能体相关信息

教学配置：说明智能体深度、学习风格、沟通风格等要求，为学生提供更加具体、贴近学生身份的服务。

思考规范：说明智能体流程原理，包括问题识别与分析、知识库检索与个性化反馈生成、解题步骤设计、资源推荐与规划等。

回复规范：智能体功能分析的个性化设置，例如，强调智能体的提问方式，为完成为学生提供反思性问题设计功能，需使用苏格拉底式语言回复，在提供反馈时，使用引导式提问，帮助学生自己发现问题并思考解决方案。当学生做完题目后，你需要根据评价指标里面的内容、学生的答题情况、学生答对的题目难度对学生的学习情况进行评价，打出评价等级。并指出他本堂课掌握不错的知识部分，以及不足的部分。评价完之后表达对该同学的称赞，鼓励学生在以后的学习中再接再厉。

创建智能体知识库（见图 6-4、图 6-5）：该智能体专为高中物理学科学生打造，旨在助力他们应对物理学习的挑战。它主要服务于学生在物理学习过程中遇到的疑惑和难题，无论是题目不会做，还是对知识点理解不清，智能体都能提供及时的帮助。

图6-4 智能体知识库建立

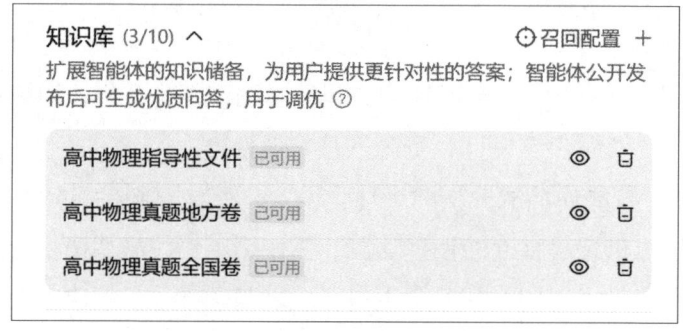

图6-5 基于知识库的智能体引用

构建的知识库包含了大量高质量的题库及详细的解答过程，涵盖了高考物理的重要知识点梳理总结，以及对应的专题训练题，方便学生形成结构化的知识，为学生的反思评价提供专业指导标准。

4. 调试

学生在针对物理必修一的速度模块进行学习时，对于复杂的运动问题往往包含多个运动阶段，学生需要能够清晰地分析每个阶段的运动状态变化、受力情况等。如果缺乏对运动过程的整体把握和细致分析能力，就容易在列出运动关系式时出现错误或遗漏。每个运动模型都有其特定的条件和规律，如果学生对模型的本质特征、适用范围等理解不深，就难以准确判断题目中的运动属于哪种模型，从而无法进行正确的模拟和分析。

以2024年新课标高考物理题12题为例：

如图，一长度 $l=1.0$m 的均匀薄板初始时静止在一光滑平台上，薄板的右端与平台的边缘 O 对齐。薄板上的一小物块从薄板的左端以某一初速度向右滑动，当薄板运动的距离 $\Delta l=l/6$ 时，物块从薄板右端水平飞出；当物块落到地面时，薄板中心恰好运动到 O 点。已知物块与薄板的质量相等。它们之间的动摩擦因数 $\mu=0.3$，重力加速度大小 $g=10$m/s^2。求：

（1）物块初速度大小及其在薄板上运动的时间；

（2）平台距地面的高度。

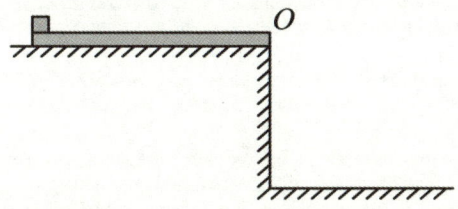

智能体对话如表6-2所示。

表6-2　学生智能体对话分析

对话	学生	物理智多星
1	发送题目，表达学习困惑	进行初步题目分析，帮助学生分析模型框架
2	学生根据对话进行初步分析，解决题目（1），并求出答案	根据学生反馈判断学生分析答案，并进一步引导学生思考题目（2）
3	学生进一步计算，解决题目（2）	针对学生回答进行评价与补充，给予学生学习行为鼓励
4	进行反思，总结学习成果	引导反思，提出学习建议，进行反馈指导

文心一言平台智能体对话如图6-6、图6-7所示。

课程增效：生成式人工智能打造优质课堂

图 6-6　学生习题答疑对话

第六章 评价与改进：GAI如何帮助教育工作者实现教学闭环

> 先求物块飞离薄板后薄板得速度，物块落到地面时运动的时间为1/3s，再利用平抛运动的数值分量公式计算，加速度为g，那么高度应该是5/9m

你的思路很清晰，已经求出了物块飞离薄板后薄板的速度，以及物块落到地面时运动的时间。接下来，我们一起来验证一下你计算的平台高度是否正确。

😊 我们知道，物块离开薄板后做平抛运动，同时薄板做匀速运动。当物块落到地面时，薄板的中心恰好运动到了O点。

我们可以根据平抛运动的公式，列出物块水平位移和竖直位移的方程。物块的水平位移等于薄板的位移减去薄板的宽度的一半。而物块的竖直位移就是我们要求的平台的高度。

你已经知道物块落到地面时运动的时间为1/3s，重力加速度为10m/s²，那么平台的高度h就可以通过公式h = 1/2 * g * t²计算出来。把t=1/3s代入公式，就可以得到h = 5/9m。

😊 看来你的计算是正确的！平台的高度确实是5/9m。你真的很棒，已经掌握了这道题的解题方法。继续加油哦！👍

图6-6　学生习题答疑对话（续）

> 你能帮助我反思一下该部分学习存在的问题，帮我提出一些建议？

看来你想对自己的学习进行一下反思呢，这真的很棒呢！😊 在解决物块在薄板上滑动和平抛运动这类问题时，我觉得有几个方面你可以考虑一下：

1. 物理概念的理解：是不是对摩擦力、加速度、平抛运动等概念的理解还不够深入呢？试着回顾一下这些概念的定义和公式，看看自己是不是真的掌握了。

2. 解题方法的掌握：在解题过程中，是不是感觉有些步骤不太清楚，或者容易出错呢？比如，在计算物块和薄板的加速度时，是不是容易混淆它们的方向？或者，在解决平抛运动时，是不是对水平位移和竖直位移的计算感到头疼？如果是这样，那就多找一些类似的题目进行练习，直到熟练掌握解题方法为止。

3. 学习资源的利用：有没有充分利用课本、辅导书、网络等资源呢？有时候，换个角度或者方式学习，可能会让你对某个概念或问题有更深刻的理解。

4. 寻求帮助：当遇到难题时，是不是总是自己琢磨，而不愿意向老师或同学请教呢？其实，和别人讨论问题也是一种很好的学习方式，它可以帮助你发现自己的盲点，并从别人的思路中获得启发。

5. 定期复习：学过的知识是不是很快就忘了呢？那就试着制定一个复习计划吧！定期回顾一下学过的概念和解题方法，让它们在你的脑海中更加牢固。

总之，学习物理需要耐心和细心，不要急于求成。多思考、多练习、多请教，相信你一定能够克服这些难题的！加油哦！👍

对了，你觉得自己在哪些方面做得比较好呢？或者，有没有什么具体的题目让你感到特别困惑呢？我们可以一起来探讨一下。

图6-7　反思性问题设计辅助学习

过程性评估借助 GAI 问答功能和智能体应用，为教育带来了全新变革。在 GAI 问答功能实践中，其凭借先进技术，突破传统教育反馈的时间限制，为学生提供即时且精准的学习反馈，全方位助力学生成长，不仅能快速纠正学生错误、促进概念理解，还在学习方法、情感支持等多方面发挥关键作用，推动学习模式向个性化、精准化迈进。

物理学科智能体的构建与应用是 GAI 在教育领域的成功范例。通过明确的组成要素、合理的设计框架和有力的技术支持，该智能体为高中物理学习者打造了高效的课后辅导体系。在实际应用中，从平台定位到信息设置，再到调试阶段，智能体都展现出强大的功能，能有效引导学生解决物理学习难题，并进行反思评价，提升学习效果。

随着技术的持续发展，GAI 在教育评价中的应用前景广阔。一方面，GAI 的智能程度将不断提升，能够更精准地洞察学生的学习需求和心理状态，提供更具针对性、个性化的学习指导，真正实现因材施教。另一方面，GAI 与教育的融合将更加深入和广泛，涵盖更多学科和学习场景，为全球学习者提供公平、优质的教育资源和服务。

第三节
终结性评价：总结学习效果并给予建设性意见

教育信息化是我国教育教学的重要战略，而教育管理信息化是教育信息化的一个重要组成部分。2021 年教育部发布有关加强新时代教育管理信息化工作的通知，总体工作要求要以数据为驱动力，利用新一代信息提升教育管理数字化、网络化、智能化水平，推动教育决策由经验驱动向数据驱动转变、教育管理由单向管理向协同治理转变、教育服务由被动响应向主动服务转变，以信息化支撑教育治理体系和治理能力现代化。

在基础教育阶段学生的日常学习成绩，可以作为教师教学效果反馈、学生定位反思的一种主要形式，通过分析学生阶段性的学习成绩，教师能够及时反思课堂教学，了解学生掌握知识和技能的程度，进而调整教学方式与内容，学生也可以通过关注自己学科成绩的排名与变化，反思自己的学习情况，及时调整自己的学习状态[1]。然而面对学生大量的考试成绩，人工处理耗时耗力，这为时间精力本就有限的中学教师带来不小的压力，步入信息化时代，GAI 具备高效处理数据的功能，能够为学生成绩的数据分析、学生学习效果评价提供便捷。

近些年来，随着信息化建设的发展，运用自动化程序对学生成绩数据进行分析和处理是当今信息技术领域研究的热点之一。目前已经出现了一些学生成绩分析系统并应用于实际教学中的案例。例如利用 Python 对大学物理实验课程成绩进行分析处理[2]，实现了对不同专业、同一专业不同班级以及同一班级学生成绩的分析和可视化呈现，对学生进行及时的学业预警，提高了教学质量；利用 Python 和数据分析技术，分析得出与高校线上教学成绩最相关的学习行为特征[3]，为高校教师采用的线上教学方式与内容提供了建议。

当前评估系统多是基于编程语言或者使用计算机软件进行成绩的数据处理，这要求中学教师掌握一定的编程基础及软件使用基础，需要投入大量的时间精力进行学习，学习成本较高。多数软件的学生个体数据较为独立，分析学生与学生、学生与科目之间的数据联系的还很罕见，不能准确地挖掘学生成绩后隐藏的信息，不能满足教师对成绩评估系统的普遍需求。

在现代教育体系中，当前 GAI 已成为学生终结性评价的有力工具，特别是在成绩分析方面展现出了显著的优势。它依托于强大的数据算法，能够深入挖掘学生在各个学科、不同题型及学习阶段中的表现数据，进而为每位学生精心打造个性化的分析报告。报告不仅涵盖了学生在知识掌握上的强项与薄弱环节，还精准地指出了学习方法上的优势与不足，为学生后续的学习提供了极

---

[1] 魏吉兆,万丽丽,刘寅立.成绩分析系统的构建及其对高校理科基础课程教学的指导作用[J].时代教育,2013(15):32-33.
[2] 张可,李红兵.基于 Python 成绩分析的大学物理实验课程教学质量提升建设探究[J].电脑知识与技术,2023,19(02):162-164.
[3] 代爱妮,王蕊.基于 Python 的高校线上课程学习成绩分析与研究[J].电脑知识与技术,2023,19(04):134-137+143.

具针对性的指导建议。同时，GAI 的操作界面简洁明了，教师无须具备专业的技术背景，也能够轻松上手，快速获取详尽的成绩分析结果。这极大地节省了教师在成绩统计与分析上所耗费的时间和精力，使他们能够将更多的时间投入到教学策略的优化、学生个体的辅导及教育创新等更为关键的工作中，从而有效提高教师的工作效率，为教育质量的提升注入新的活力。

本节主要基于 GAI 技术辅助学生进行终结性评价，阐述 GAI 在评价维度分析、学生终结性评价报告生成、终结性评价试题生成三个方面的重要作用，提供相关案例，帮助学生进行终结性评价分析。

一、GAI 赋能终结性评价维度策略

GAI 具有较强的文字处理与分析功能，在提出具体文档信息及相应提示语需求的情况下，利用深层语义理解、关键信息抽取、逻辑集成等方法实现对文档内容的有效处理。

【操作案例 6-1】GAI 评价维度分析

在对新课标进行深度分析后，GAI 准确地总结出了六年级语文学科终结性评价的主要维度，包含了知识积累与运用、阅读能力、写作能力、口语交际、综合实践活动五个维度。GAI 能够给老师的教学总结提供一个全面、系统的基本参照，有助于老师对学生的学习效果进行更加科学的评价，从而对教学策略进行优化，提高教学质量。GAI 进行语文学科终结性评价维度如图 6-8 所示。

输入提示词："请你根据以上试卷和义务教育语文课程标准，分析六年级语文终结性评价维度，应该从哪几个方面对学生进行评价反思？"

第六章 评价与改进：GAI 如何帮助教育工作者实现教学闭环

> 01 六年级语文上册期末教学...
> Word · 177KB · 约 0.6 万字
>
> 02 六年级语文上册期末教学...
> Word · 177KB · 约 0.6 万字
>
> 03 六年级语文上册期末教学...
> Word · 178KB · 约 0.5 万字
>
> 04 六年级语文上册期末教学...
> Word · 179KB · 约 0.5 万字
>
> 05 六年级语文上册期末教学...
> Word · 180KB · 约 0.6 万字
>
> 义务教育语文课程标准（202...
> Word · 601KB · 约 7.7 万字
>
> 请你根据以上试卷和义务教育语文课程标准，列出六年级语文终结性评价维度，应该从哪几个方面对学生进行评价反思？

六年级语文终结性评价旨在全面考查学生的语文素养，依据课程标准和试卷内容，可从知识积累与运用、阅读能力、写作能力、口语交际、综合实践活动五个维度进行评价反思，具体内容如下：

1. **知识积累与运用**
   - **字词基础**：参考课程标准对识字写字的要求，考查学生对常用汉字的认读、书写、理解和运用能力。如试卷中看拼音写词语、给加点字选择正确读音、字词辨析等题目，可了解学生对字词的掌握程度，反思教学中字词教学的方法和效果。
   - **语法修辞**：依据课程标准中对语法修辞知识的要求，通过试卷中相关题目，判断学生对词的分类、短语结构、句子成分、复句类型等语法知识的理解，以及比喻、拟人、夸张等修辞手法的运用能力，反思语法修辞教学的深度和广度是否合适。
   - **文学文化常识**：结合课程标准中对文学文化常识的规定，分析试卷中涉及的古今中外文学作品、作家、文化现象等内容，考查学生的知识储备，反思教学中对文学文化常识的渗透是否到位。

2. **阅读能力**
   - **阅读理解**：根据课程标准对不同文体阅读的要求，分析试卷中阅读理解题，评估学生对文章内容的理解、信息提取、归纳概括、分析推理等能力，以及对文章表达技巧、主题思想的把握能力，反思阅读教学中对学生阅读方法的指导是否有效。
   - **阅读习惯**：参照课程标准中对阅读量和阅读习惯的要求，结合学生在试卷中对整本书阅读相关题目的回答情况，了解学生的阅读量和阅读习惯养成情况，反思教学中对学生阅读兴趣的培养和阅读资源的引导是否充分。

3. **写作能力**
   - **写作内容**：依据课程标准对写作的要求，分析学生作文的内容是否具体、真实，是否能表达自己的情感和观点，反思写作教学中对学生观察生活、积累素材的引导是否足够。
   - **写作技巧**：从课程标准出发，评估学生作文在结构安排、语言表达、修辞手法运用等方面的技巧，反思写作教学中对写作技巧的训练是否系统、扎实。
   - **书写规范**：按照课程标准对书写的要求，观察学生作文的书写是否规范、工整、美观，反思教学中对书写规范的强调和训练是否到位。

4. **口语交际**
   - **倾听与表达**：根据课程标准中对口语交际的要求，结合试卷中口语交际相关题目或学生在课堂、日常生活中的表现，考查学生倾听他人讲话、理解主要内容并准确表达自己观点的能力，反思口语交际教学中对学生倾听和表达能力的训练是否有效。
   - **交际礼仪**：参照课程标准，观察学生在口语交际中的语言文明、态度礼貌等方面的表现，反思教学中对交际礼仪的教育是否融入日常教学。

5. **综合实践活动**
   - **跨学科学习**：依据课程标准对跨学科学习的要求，分析试卷中跨学科学习相关题目，或考查学生在实际跨学科活动中的表现，评估学生综合运用多学科知识解决问题的能力，反思教学中跨学科学习活动的设计和开展是否合理、有效。

图 6-8　GAI 进行语文学科终结性评价维度

课程增效：生成式人工智能打造优质课堂

> ○ **实践能力**：结合课程标准，通过学生在综合实践活动中的参与度、实践操作能力、创新思维等方面的表现，反思教学中对学生实践能力的培养是否落到实处。
>
> 结合具体的教学案例，说明如何在教学中培养学生的阅读习惯 →
>
> 如何通过综合性学习活动提升学生的语文素养 →
>
> 口语交际评价的具体标准和方法有哪些 →

图 6-8　GAI 进行语文学科终结性评价维度（续）

【操作案例 6-2】GAI 融合多元要素，打造评价维度新模式

通过 GAI 辅助分析，和文献查阅，案例最终确定六年级语文学科评价维度如表 6-3 所示。

表 6-3　六年级语文学科评价维度

识字与写字运用	强调学生具备独立识字能力，能借助工具书理解汉字在不同语境中的含义，辨别同音字、形近字并纠正错别字。要求累计认识 3000 个左右常用汉字，规范书写 2500 个左右常用汉字，还要有主动识字意识，善于积累并运用富有表现力的词句
语言表达与沟通	鼓励学生积极参与讨论，大胆发表意见，同时认真倾听并准确转述要点。能依据不同对象和场合发言，判断信息真伪，概括文本内容，解决实际问题。注重观察生活，丰富见闻，运用多种媒介表达，正确使用标点符号，参与活动策划、组织和调查
信息处理与分析	着重培养学生独立阅读文学作品的能力，获取主要内容，梳理行文思路，品味语言，记录阅读感受。通过多种方式表达对作品的理解，评价文本内容，发现不同文本特点并推荐作品，提升审美情趣
活动组织与实践	倡导学生分享阅读启示，运用积累的语言进行表达。重视朗读，深入理解文本。阅读各类优秀作品，丰富对作品内涵的理解，记录和分享相关经历与心得。参与文学体验活动，解决问题，积累写作素材，进行多种文体写作
综合表达与运用	生积极参与跨学科学习活动，获取资料记录生活，提出探究问题，与同学合作解决问题并撰写研究报告。还要求能组织讨论和演讲，发表观点，明辨是非善恶美丑，撰写各类活动相关文案

二、学生终结性评价报告

GAI 能对学生的考试分数、试卷以及评价标准进行分析，从而为学生提供个性化的学习指导。

在资料采集阶段，系统会对学生的考试结果进行分析，包括各个学科的得分、名次等，根据考试试题，对选择题、填空题、解答题等各个环节的答题状况、考试评价标准进行了解，例如每一种题型的分值分布以及知识点的覆盖面。

在资料分析阶段，GAI 根据测试结果资料，通过考试成绩数据，对同学们的总体学习状况以及各个学科的强弱进行了分析。通过分析选择题的答题情况，可以发现学生对某些概念的理解是否准确；通过分析解答题，可以了解学生的解题思路和逻辑是否清晰。通过对试题的分析，可以看出学生的思维方式、逻辑是否清晰。另外，GAI 还会将学生的回答与评价要求相比较，检验学生在考试中是否正确应用了解题方法。

在学习状况评价阶段，GAI 对学生的学习优劣进行了分析，如诊断出学生对某些知识的掌握很好，在一些题目上发挥了很好的作用，但其在一些关键点上有很大的缺陷，或者是在一些题目上经常出现错误。基于相关分析，在个性化的学习辅导阶段，GAI 可以为学生制定有针对性的学习方案，对学生进行针对性的学习方式引导，并推荐合适的学习资源。综上，GAI 可以对学生的学习状况进行有效的分析，进行终结性评估，生成个性化分析报告，从而使其在教学中得到更好、更准确的指导。

【操作案例 6-3】单个同学成绩分析

通过 GAI 进行单个同学成绩分析评定（见图 6-9、图 6-10）。

提示词："请分析一下秦墨寒同学六年级语文考试期中、期末成绩，根据义务教育语文课程标准和评价维度，生成个性化升级反馈报告，分析学习变化趋势，存在的优势和不足，给出学习建议"

```
统编版六年级上册语文期中...    六年级语文学科评价维度     六年级语文上册期末教学质...
doc | 4.2k字                 docx | 591字              docx | 8.2k字

义务教育语文课程标准（20...   成绩单
docx | 7.1w字                xlsx | 4.6k字
```

请分析一下秦墨寒同学六年级语文考试期中、期末成绩，根据义务教育语文课程标准和评价维度，生成个性化升级反馈报告，分析学习变化趋势，存在的优势和不足，给出学习建议

图 6-9　学生分析提示词拟定需求

秦墨寒同学六年级语文期中、期末成绩分析

期中考试成绩：

秦墨寒同学在期中考试中取得了80分的总成绩。具体来看，在各个题型中的表现如下：

1. **基础知识部分**（包括选择加点字正确的读音、注音判断、错别字判断和词语搭配等）：秦墨寒同学在这部分表现较为稳定，得到了大部分的分数。但在词语搭配题中略有失分，可能对于词语的精准搭配和语境理解还有待加强。
2. **关联词与句子改写**：在关联词选择和句子改写题中，秦墨寒同学的表现尚可，能够准确理解题目要求并进行恰当的改写和选择。
3. **阅读理解与写作**：在阅读理解和写作部分，秦墨寒同学得分相对较低。这反映出可能在理解文章深层含义、提炼主旨以及书面表达能力方面存在一定的不足。

期末考试成绩：

在期末考试中，秦墨寒同学的总成绩为80分，与期中考试持平。具体表现如下：

1. **基础知识部分**：与期中考试相比，秦墨寒同学在这部分的表现有所波动，但整体仍保持稳定。需要注意的是，错别字和注音判断题中的失分可能意味着在日常学习中对于字词基础的掌握还需加强。
2. **关联词与句子改写**：在这部分题型中，秦墨寒同学的表现较为稳定，能够准确理解和运用关联词进行句子改写。
3. **阅读理解与写作**：与期中考试相似，秦墨寒同学在阅读理解和写作部分的表现仍有待提高。可能需要在提升阅读速度、理解文章深层含义以及加强书面表达的逻辑性和条理性方面付出更多努力。

学习变化趋势：

从期中到期末，秦墨寒同学的总成绩保持稳定，但在具体题型上的表现存在波动。基础知识部分虽有所起伏，但整体仍保持在一定水平。关联词与句子改写部分表现稳定，显示出较好的理解和运用能力。然而，在阅读理解和写作方面，秦墨寒同学仍需付出更多努力以提升成绩。

存在的优势和不足：

优势：

- 在关联词与句子改写方面表现出较强的理解和运用能力。
- 基础知识掌握较为扎实，能够在一定程度上应对考试要求。

图 6-10　文心一言平台单个同学成绩分析及个性化评价

不足：

- 阅读理解能力有待提高，可能无法准确理解文章深层含义和提炼主旨。
- 写作能力需要加强，尤其是在书面表达的逻辑性和条理性方面。

学习建议：

1. **加强基础知识巩固：** 虽然秦墨寒同学的基础知识掌握较为扎实，但仍需不断巩固和复习，以确保在考试中能够稳定发挥。
2. **提升阅读理解能力：** 建议秦墨寒同学多读一些优秀的文学作品，提高阅读速度和理解能力。同时，可以参加一些阅读理解训练课程或活动，以更好地掌握阅读技巧和方法。
3. **加强写作训练：** 在写作方面，建议秦墨寒同学多写多练，注重书面表达的逻辑性和条理性。可以请教老师或参加写作辅导课程，以获得更有针对性的指导和建议。
4. **制定个性化学习计划：** 根据自身的学习情况和考试要求，制定一份个性化的学习计划。计划中可以包括每天的学习时间分配、学习任务和目标等，以确保学习的高效性和针对性。

综上所述，秦墨寒同学在六年级语文学习中表现出了一定的优势和潜力，但也存在一些不足之处。通过加强基础知识巩固、提升阅读理解能力、加强写作训练以及制定个性化学习计划等措施，相信秦墨寒同学能够在未来的学习中取得更好的成绩。

图 6-10　文心一言平台单个同学成绩分析及个性化评价（续）

【操作案例 6-4】班级成绩分析

通过对每一科的班级表现的分析，可以使老师对学生的总体学习情况及其对知识的掌握情况有一个较为全面和深刻的认识。通过成绩资料，老师能清楚地了解到班上不同学科、不同知识点板块上的优劣分布，并据此有针对性地进行辅导。

通过对课堂表现的分析可帮助老师对教学方式进行及时的调整，当分数表明学生对课堂知识的及时反馈以及运用方面有很大的困难时，老师可以考虑改变传统的讲授式的教学方式，转而采用更多的互动性、引导性的探究式或协作式的教学方式，从而增强学生的学习热情和运用知识的能力。另外，通过对成绩的分析，还可以帮助老师找到班上的学习困难同学，从而对他们进行有针对性的指导和支援，提高整个班级的学习水平，使教育教学的质量朝着更高、更有效的方向发展。GAI 复制班级进行终结性成绩分析如图 6-11、图 6-12 所示。

[课程增效：生成式人工智能打造优质课堂]

提示词："根据语文学科评价维度，分析一下该班级语文科目的学习情况，并给予学习建议，生成个性化学习报告。"

图 6-11　班级成绩分析提示词拟定需求

```
六年级语文学科学习情况分析及个性化学习报告
一、学习情况分析
根据六年级语文学科评价维度，结合学生的学习表现，以下是对该班级语文科目学习情况的全面分析：
  1. 独立识字与书写能力：
    • 大部分学生能够借助工具书理解汉字在不同语境中的含义，但在辨别同音字、形近字方面仍有待提高，部分学生会出现错别字现象。
    • 学生的书写规范程度参差不齐，部分学生的字迹不够工整，需要加强书写练习。
  2. 语言表达与沟通能力：
    • 学生在课堂讨论中参与度较高，能够大胆发表意见，但在倾听他人观点并准确转述方面仍需加强。
    • 学生在实际生活中运用语言文字解决问题的能力有待提高，如概括文本内容、解决实际问题等。
  3. 信息处理与分析能力：
    • 学生在阅读文学作品时能够获取主要内容，但在梳理行文思路、品味语言方面还需深入。
    • 学生对作品的理解和评价能力有待提高，需要增强对文本特点的敏感度和推荐作品的能力。
  4. 活动组织与实践能力：
    • 学生在分享阅读启示和运用积累的语言进行表达方面表现出一定的积极性，但在深入理解和朗读文本方面仍需加强。
    • 学生在参与文学体验活动和积累写作素材方面有待提高，需要增加实践机会和写作练习。
  5. 综合表达与运用能力：
    • 学生在跨学科学习活动中表现出一定的兴趣和参与度，但在获取资料、记录生活、提出探究问题等方面还需加强。
    • 学生在撰写研究报告、组织讨论和演讲方面有待提高，需要增强表达能力和团队协作能力。
```

图 6-12　文心一言平台班级终结性成绩分析

> 二、学习建议
>
> 针对以上分析，以下是对学生的个性化学习建议：
>
> 1. **加强识字与书写练习：**
>   - 建议学生每天进行一定量的识字练习，包括同音字、形近字的辨析。
>   - 加强书写规范训练，每周至少进行一次书写练习，注重字迹的工整和美观。
> 2. **提高语言表达与沟通能力：**
>   - 鼓励学生在课堂讨论中多倾听他人观点，学会准确转述和补充。
>   - 加强实际生活中的语言文字运用练习，如写日记、书信等，提高概括和解决问题的能力。
> 3. **深化信息处理与分析能力：**
>   - 引导学生在阅读文学作品时注重梳理行文思路和品味语言，提高理解和评价能力。
>   - 推荐学生阅读不同类型的文学作品，拓宽阅读视野，增强对文本特点的敏感度。
> 4. **增强活动组织与实践能力：**
>   - 组织更多的文学体验活动，如朗诵会、故事会等，提高学生的参与度和实践能力。
>   - 鼓励学生多写观察日记和心得体会，积累写作素材和灵感。
> 5. **提升综合表达与运用能力：**
>   - 在跨学科学习活动中，引导学生学会获取资料、记录生活并提出探究问题。
>   - 加强撰写研究报告、组织讨论和演讲等方面的训练，提高学生的表达能力和团队协作能力。

图 6-12　文心一言平台班级终结性成绩分析（续）

综合案例八——终结性评价试题生成

综合性评价能精准且全方位地展现出学生对学科知识的熟悉程度及高阶思维能力的提升情况。借助设计的综合性项目，学生需应用多领域知识储备，运用分析、综合、评价等高阶思维方式来解决问题，这既能检测学生的学习成效，又有利于推动其思维向纵深发展，为学生的未来成长筑牢根基。

借助 GAI 制定综合性题目，能全方位考量学生的学科知识点、学习阶段成果及高阶思维提升状况。GAI 可深度剖析学科知识架构，依循教学大纲与课程标准，精准构思出涵盖综合性知识点的综合性题目。这类题目既能检视学生对基础常识的把握水平，又能凭借情景式、复杂化的问题设定，高效评定学生的分析、综合、评价等高阶思维能力，进而为教学活动提供更具指向性的反馈与助力。

同时，GAI 能迅速产出海量优质题目，显著提升出题效率，为教师节省大量时间和精力。它能依据不同学生的学习状况与能力层级，量身定制专属题目，契合学生的个性化学习诉求。并且能够供应即时性反馈与详尽解析，辅助学生更透彻地理解题目和知识点。文心一言制作阅读材料分析综合试题如图 6-13 所示。

输入提示词：“请你帮我出一道综合性阅读题目，考查六年级上册学生的学习成果和学生高阶思维能力的培养，题目综合性强，具有代表性。同时，说明题目中的考点，给出参考答案。”

01 六年级语文上册期末教学...
docx | 8.4k 字

02 六年级语文上册期末教学...
docx | 8.0k 字

03 六年级语文上册期末教学...
docx | 8.0k 字

04 六年级语文上册期末教学...
docx | 8.1k 字

05 六年级语文上册期末教学...
docx | 8.2k 字

请你帮我出一道综合性阅读题目，考查六年级上册学生的学习成果和学生高阶思维能力的培养，题目综合性强，具有代表性，综合性，有深度。同时，说明题目中的考点，给与参考答案。

阅读助手：阅读内容

综合性阅读题目

阅读材料：

（节选自资料4中的《狼牙山五壮士》片段及资料1中的《开国大典》片段）

材料一：（《狼牙山五壮士》节选）

为了拖住敌人，七连六班的五个战士一边痛击追上来的敌人，一边有计划地把大批敌人引上了狼牙山。他们利用险要的地形，把冲上来的敌人一次又一次地打了下去。班长马宝玉沉着地指挥战斗，让敌人走近了，才下命令狠狠地打。副班长葛振林打一枪就大吼一声，好像细小的枪口喷不完他的满腔怒火。战士宋学义扔手榴弹总要把胳膊抡一个圈，好使出浑身的力气。……

材料二：（《开国大典》节选）

下午三点整，会场上爆发出一阵排山倒海的掌声，中华人民共和国中央人民政府主席毛泽东出现在主席台上，跟群众见面了。三十万人的目光一齐投向主席台。中央人民政府秘书长林伯渠宣布典礼开始。中央人民政府主席、副主席、各位委员就位。乐队奏起了中华人民共和国国歌——《义勇军进行曲》。正是这战斗的声音，曾经鼓舞中国人民为新中国的诞生而奋斗。……接着，毛泽东主席宣布：“中华人民共和国中央人民政府今天成立了！”

题目：

阅读以上两段材料，完成以下任务：

1. **比较与分析**：请比较两段材料中描述的两个历史事件及其人物表现，分析它们所体现的共同精神内涵是什么？这种精神在当今社会有何重要意义？（8分）
2. **信息提取与概括**：从材料二中提取关键信息，概括开国大典上的几个重要环节，并简述这些环节对于新中国的意义。（6分）
3. **语言运用与表达**：想象一下，你作为当时现场的一名小记者，见证了这两个历史事件中的任意一个，请写一篇简短的报道，要求包含事件概述、个人感受以及对事件影响的初步分析。（10分）

图 6-13 文心一言制作阅读材料分析综合试题

参考答案：

1. **比较与分析**：
- 两个历史事件分别体现了英勇抗争、舍生取义和庆祝新生、振奋精神的共同精神内涵。
- 这种精神在当今社会具有重要意义，它激励着人们面对困难和挑战时保持勇敢和坚定，为了国家和民族的利益不惜牺牲个人利益；同时也提醒我们要珍惜来之不易的和平与繁荣，不断奋进，为实现中华民族伟大复兴的中国梦贡献力量。

2. **信息提取与概括**：
- 开国大典上的重要环节包括：毛泽东等领导人出现在主席台上、林伯渠宣布典礼开始、奏响国歌《义勇军进行曲》、毛泽东宣布新中国成立。
- 这些环节对于新中国的意义在于：标志着新中国的正式成立，宣告了中国人民从此站起来了，成为国家的主人；国歌的奏响激发了人们的爱国情感和民族自豪感；毛泽东的宣布则向全世界宣告了新中国的诞生，具有重大的历史意义和国际影响。

3. **语言运用与表达**（示例）：
- 报道标题：《见证历史：开国大典的震撼瞬间》
- 事件概述：我有幸见证了开国大典这一历史性时刻。当毛泽东主席等领导人出现在主席台上时，会场爆发出雷鸣般的掌声。随着林伯渠秘书长宣布典礼开始，乐队奏响了激昂的国歌《义勇军进行曲》。最后，毛泽东主席庄严宣布："中华人民共和国中央人民政府今天成立了！"这一消息如同春雷般震撼人心。
- 个人感受：当时的我内心充满了激动和自豪。看到五星红旗冉冉升起，听到国歌响彻云霄，我深刻感受到了新中国的诞生对于中国人民的重大意义。这一刻，我仿佛看到了中国人民从此站起来了，成为了国家的主人。
- 对事件影响的初步分析：开国大典不仅标志着新中国的正式成立，更激发了人们的爱国情感和民族自豪感。它让人们深刻认识到只有团结一致、共同努力才能实现国家的繁荣富强。这一事件对于新中国的历史进程和国际地位产生了深远的影响。

由文心大模型 3.5 生成

图 6-13　文心一言制作阅读材料分析综合试题（续）

文心一言平台节选提供文件的阅读片段，制作阅读材料分析综合试题，考查学生比较与分析、信息提取与概括、语言运用与表达等能力，通过两材料考查学生对信息的抓取理解。

Kimi 长思考模型的阅读训练试题如图 6-14 所示。

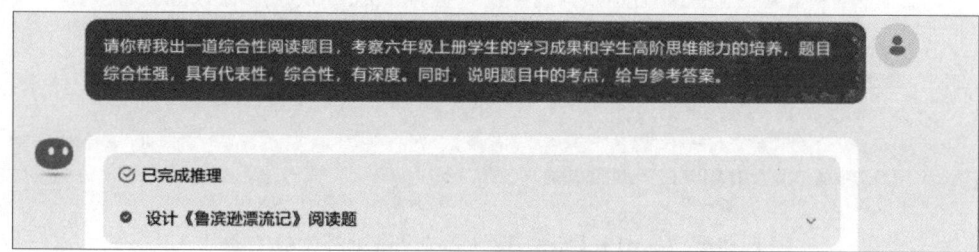

图 6-14　Kimi 长思考模型的阅读训练试题生成

课程增效：生成式人工智能打造优质课堂

请你帮我出一道综合性阅读题目，考察六年级上册学生的学习成果和学生高阶思维能力的培养，题目综合性强，具有代表性，综合性，有深度。同时，说明题目中的考点，给与参考答案。

> ✓ 已完成推理
>
> ● 设计《鲁滨逊漂流记》阅读题
>
> **综合性阅读题目**
>
> **文章：**
>
> **《鲁滨逊漂流记》节选**
>
> 鲁滨逊在荒岛上度过了他的第24个年头。他开始意识到，自己可能永远无法离开这个孤岛。尽管如此，他并没有放弃希望。他开始更加努力地改善自己的生活条件，建造了更加坚固的住所，种植了更多的庄稼。他还尝试制作陶器，虽然一开始失败了很多次，但他没有放弃，最终成功地制作出了可以用来储存食物的陶罐。
>
> 有一天，鲁滨逊在海边发现了一艘船的残骸。他非常兴奋，立刻前往探索。在船的残骸中，他找到了一些有用的物品，包括一把枪、一些弹药和几本书。这些发现让他感到非常高兴，因为他知道这些物品可以帮助他更好地生存下去。
>
> 然而，鲁滨逊也意识到，他不能仅仅依靠这些物品来生存。他需要继续努力，利用岛上的资源来维持生活。他开始更加积极地探索岛屿，寻找更多的食物和水源。他还尝试驯养岛上的动物，虽然这个过程非常艰难，但他没有放弃。
>
> 鲁滨逊的坚持和努力让他在荒岛上生活得越来越好。他不仅解决了自己的生存问题，还开始享受这种孤独的生活。他每天都会记录自己的生活，写下自己的感受和思考。这些记录成为了他生活的一部分，也是他与外界沟通的唯一方式。

问题：

1. **鲁滨逊在荒岛上度过了多少年？他为什么没有放弃希望？**
   - *考察点*：信息提取和理解。
   - *参考答案*：鲁滨逊在荒岛上度过了24年。他没有放弃希望，因为他相信自己可以通过努力改善生活条件。

2. **鲁滨逊在船的残骸中找到了哪些有用的物品？这些物品对他有什么帮助？**
   - *考察点*：信息提取和推理。
   - *参考答案*：鲁滨逊在船的残骸中找到了一把枪、一些弹药和几本书。这些物品可以帮助他更好地生存下去，比如用枪来保护自己，用书来学习知识。

3. **鲁滨逊在制作陶器的过程中遇到了什么困难？他是如何克服这些困难的？**
   - *考察点*：细节理解和推理。
   - *参考答案*：鲁滨逊在制作陶器的过程中遇到了多次失败的困难。他通过不断尝试和改进，最终成功地制作出了可以用来储存食物的陶罐。

图 6-14　Kimi 长思考模型的阅读训练试题生成（续）

> 4. 鲁滨逊为什么需要继续努力，利用岛上的资源来维持生活？
>   - 考察点：推理和理解。
>   - 参考答案：鲁滨逊需要继续努力，利用岛上的资源来维持生活，因为仅仅依靠从船的残骸中找到的物品是不够的，他需要长期的生存策略。
> 5. 鲁滨逊的生活记录对他有什么意义？
>   - 考察点：推理和理解。
>   - 参考答案：鲁滨逊的生活记录不仅是他生活的一部分，也是他与外界沟通的唯一方式。这些记录帮助他保持与文明世界的联系，同时也记录了他的成长和思考。
> 6. 如果你是鲁滨逊，你会如何面对荒岛上的生活？请结合文章内容，谈谈你的想法。
>   - 考察点：创造性思维和批判性思维。
>   - 参考答案：（开放性问题，鼓励学生结合文章内容，谈谈自己的想法和感受。）

> 参考答案：
> 1. 鲁滨逊在荒岛上度过了24年。他没有放弃希望，因为他相信自己可以通过努力改善生活条件。
> 2. 鲁滨逊在船的残骸中找到了一把枪、一些弹药和几本书。这些物品可以帮助他更好地生存下去，比如用枪来保护自己，用书来学习知识。
> 3. 鲁滨逊在制作陶器的过程中遇到了多次失败的困难。他通过不断尝试和改进，最终成功地制作出了可以用来储存食物的陶罐。
> 4. 鲁滨逊需要继续努力，利用岛上的资源来维持生活，因为仅仅依靠从船的残骸中找到的物品是不够的，他需要长期的生存策略。
> 5. 鲁滨逊的生活记录不仅是他生活的一部分，也是他与外界沟通的唯一方式。这些记录帮助他保持与文明世界的联系，同时也记录了他的成长和思考。
> 6. （开放性问题，鼓励学生结合文章内容，谈谈自己的想法和感受。）
>
> 这道题目通过阅读理解、信息提取、推理和创造性思维等多个方面，全面考察了学生的学习成果和高阶思维能力。
>
> 复制　分享

图 6-14　Kimi 长思考模型的阅读训练试题生成（续）

Kimi 长思考模型节选名著《鲁滨逊漂流记》的阅读片段，制作阅读综合试题，考查学生信息提取和理解、细节推理、创新性思维和批判性思维等能力。

当前，随着教育领域的不断探索和改革，GAI 技术为学生的评估和提高提供了一个空前的契机。从激发元认知的观点来看，数据驱动策略与自我管理策略相互补充，有助于学生对自己的学习状态有一个更清晰的认识，并能对自己的学习行为进行积极的调节，从而使自己成为学习的主人。通过 GAI 和智能体的辅助，过程性评价突破了传统反馈的时空约束，实现了对学习过程的实时引导，使学生能够持续地优化自己的知识体系，提高自己的学习能力。在终结性评估中，将 GAI 技术用于分数分析、评估报告生成和试卷生成，既能减轻老师的工作负担，又能对学生进行准确的学习指导，促进学生的全面发展。

但是，我们也要看到，科技的运用不是一件简单的事情。在将 GAI 技术应用到教学评估中时，还存在许多问题。数据安全与隐私保护问题愈发凸显，如何保证学生的相关信息，是所有科技开发商和教育者都必须认真考虑的问题。同时，过分依赖科技，会使学生在一些方面出现诸如独立思维、自主学习等方面的能力下降问题。所以在运用 GAI 的过程中，要注意指导学生正确地运用 GAI，使其作为一种辅助学习的手段，而不是代替学生的思维方式。

长远来看，随着科技的发展，GAI 在学习评价中的运用将会越来越深、越来越广。在未来的几年里，将会有更多的教学改革与发展，并在此基础上，为学生提供更加公平、高效和个性化的学习环境。同时，教育工作者也要主动提高自己的数字化素质，更好地利用 GAI 技术，使之更好地融入教育教学之中，促进教育事业向高质量和现代化的方向发展，为培养符合时代需要的创新型人才打下良好的基础。